Docteur (
Johann

Vivre les émotions avec son corps

Se libérer des tensions pour vivre heureux

jouvence
EDITIONS

Extrait du catalogue Jouvence

Les clés du bien-être,
Benoît Saint Girons, 2010

L'art de la réconciliation,
Marshall B. Rosenberg, 2010

Clés pour un monde meilleur,
Marshall B. Rosenberg, 2010

L'essentiel de la PNL,
Laurent Bertrel, 2010

Le grand oui à la vie !
Pierre Pradervand, 2010

Catalogue gratuit sur simple demande

ÉDITIONS JOUVENCE
France : BP 90107 – 74161 Saint-Julien-en-Genevois Cedex
Suisse : CP 227 – 1225 Chêne-Bourg (Genève)
Mail : info@editions-jouvence.com
Site internet : **www.editions-jouvence.com**

ISBN 978-2-88353-904-4

Dessin de couverture : Jean Augagneur
Maquette de couverture : Éditions Jouvence
Suivi éditorial : Fabienne Vaslet
Dessins et mise en page : Anne Bordenave

Vivre les émotions avec son corps

Sommaire

Avant-propos

De nombreux êtres « civilisés » sont prisonniers du fait d'être sérieux tout le temps. La société moderne n'offre aucun espace pour « faire le fou », s'amuser, se défouler intensément sans gêner autrui. La « sériosité », maladie qui consiste à être sérieux tout le temps, est génératrice d'un terrible ennui, d'une morosité sournoise qui sape tout plaisir de vivre et crée un état de stress permanent.

D'innombrables travaux scientifiques ont montré que le stress est l'une des causes fondamentales des maladies de civilisation qui font de la vie quotidienne de millions d'Occidentaux un véritable enfer ; un enfer qui, de plus, coûte cher puisque les frais médicaux, dans les pays industrialisés, mangent une part toujours plus importante des ressources économiques. En Europe de l'Ouest, c'est plus de mille milliards de dollars qui partent ainsi en fumée. À titre de comparaison, selon les chiffres de l'Unesco, il suffirait de 80 milliards de dollars par an pendant trois ou quatre ans pour que l'ensemble des pays sous-développés puissent atteindre le niveau de vie des pays occidentaux !

Le stress et le mal-être sont des fléaux aussi dramatiques que les épidémies de peste ou de variole du passé. Mais ces maux ne sont pas une fatalité, car nous pouvons parfaitement apprendre à vivre sans stress. Rappelez-vous le plaisir que vous aviez, enfant, à gigoter, à faire le fou, à crier, à vous battre avec des oreillers, à courir en tous sens à la récréation, tout en criant à tue-tête ? Avez-vous oublié ces moments merveilleux de votre enfance, la joie de faire bouger votre corps sans limitations ni contraintes ?

La folie douce

Nous employons le terme de « folie douce » pour exprimer une saine gestion des émotions. Il s'agit d'apprendre à être fou, oui, mais d'une manière douce, c'est-à-dire sans conflit avec notre entourage. Cet apprentissage s'inscrit dans le cadre de ce que nous appelons la médecine holistique (du grec *holos* qui signifie « tout, tout entier »), qui tient compte des quatre corps de l'être humain : physique, émotionnel, mental et spirituel.

Nous définissons la folie douce comme une folie contrôlée, une folie maîtrisée, consciente. Une folie qui fait du bien sans faire de mal. Elle est l'exact contraire de la folie dure, la folie où l'individu perd la tête et se blesse ou agresse les personnes qui l'entourent. La folie douce est la folie des enfants et des sages, pas la folie des fous rendus furieux par leur souffrance et l'incompréhension que leur état engendre autour d'eux !

N'est-il pas écrit dans l'Évangile que « le Royaume des Cieux est pour ceux qui savent redevenir de petits enfants » ? Comment pouvons-nous être heureux et épanouis si nous passons tout notre temps dans le contrôle et la répression de nos émotions ? Comment pouvons-nous rester en bonne santé si nous ne nous libérons jamais du stress ? En apprenant à ressentir les états émotionnels, nous pouvons vivre toute la gamme des émotions dans notre corps, sans pour autant en perdre le contrôle.

De nombreuses études ont montré que le cancer est une maladie fortement liée à la répression émotionnelle. Sachant que, de nos jours, dans les pays riches, une personne sur deux va souffrir d'un cancer pendant sa vie, n'est-il pas essentiel d'apprendre à s'en protéger ? Bien sûr, il existe aussi des facteurs environnementaux comme la pollution de l'air, de l'eau et de la terre par les produits chimiques fabriqués par l'homme, la pollution électromagnétique, les facteurs alimentaires comme l'abus d'aliments d'origine animale[*1] et toutes sortes d'autres facteurs (comme le port de soutien-gorge serré chez les femmes, le tabac, l'alcool, les médicaments, etc.), mais ces facteurs ne sont que des cofacteurs. Il faut qu'ils soient associés au stress d'une vie sans défoulement émotionnel pour aboutir à la maladie. Léon Renard, psychothérapeute belge, l'a montré dans son ouvrage *Le cancer apprivoisé* (éditions Quintessence), devenu un classique. Le médecin allemand Ryke Geerd

---

* Les notes figurent en fin d'ouvrage.

Hamer a mis en évidence la « loi d'airain du cancer », qui met en relation la localisation de chaque tumeur cancéreuse avec des conflits émotionnels vécus dans l'isolement et le refoulement. Ses travaux confirment le fait que l'absence d'extériorisation des émotions fait le lit de la maladie. Ils mettent en évidence l'importance, pour la prévention, d'un apprentissage de la folie douce.

D'autres auteurs, comme Claude Sabbah, Christian Flèche, Gérard Athias, Serge Fitz sont venus approfondir les travaux du docteur Hamer et définir les lois d'une « biologie totale » qui montre que toute maladie a un sens très précis. Toute maladie est une occasion d'apprendre à mieux se connaître et à mieux comprendre l'intelligence du corps.

Ce petit ouvrage propose quelques pistes simples et des exercices pratiques qui permettront à chacun de mieux vivre ses émotions en apprenant à les extérioriser. De mieux vivre, tout simplement.

I

La folie douce

Le **sourire** est l'une des portes d'entrée de la folie douce. Il permet de sortir des griffes du sérieux pour entrer dans le monde charmant des contes de fées et découvrir les trésors de la sagesse universelle. Dès que vous laissez un sourire flotter sur vos lèvres, votre regard devient celui du Bouddha. Vous devenez sensible à la beauté, à l'intelligence et à **l'amour**, qui sont à l'origine de toute création. Vous sortez de la monotonie et de l'ennui. Vous redevenez un **créateur**, un chamane, un artiste, un poète !

Celui qui a renoncé à toute folie s'ennuie et tombe malade. Être fou est essentiel. Mais il s'agit de pouvoir extérioriser ses émotions sans faire peur à ceux qui ne savent pas le faire. Quand on est fou en permanence, n'importe où et devant n'importe qui, on risque bien de se faire enfermer ! Le secret de la folie douce, c'est donc **d'être fou au bon endroit, au bon moment,** seul ou avec des personnes déjà initiées à la folie douce. Il est important de savoir être sérieux en société et fou en privé !

En fait, pour être capable de doser correctement l'intensité de ses émotions dans la vie relationnelle, il est indispensable d'apprendre à se défouler lorsque l'on est seul, loin des regards et des oreilles d'autrui, afin de pouvoir explorer ses émotions sans avoir à faire attention aux autres, explorer ses émotions avec tout son corps, sans les immobiliser en soi à cause d'idées reçues. Il est impossible de vivre heureux et en bonne santé si l'on n'a pas appris à vider ses émotions comme on vide sa vessie lorsqu'elle est pleine ! Hélas, la plupart des adultes retiennent leurs émotions dans leur corps jusqu'à ce que celui-ci tombe malade, ou alors ils les déversent sur leurs proches par des coups ou des paroles méchantes. Dans les deux cas, la **souffrance** et les **conflits** sont les conséquences d'une mauvaise gestion des émotions !

> Les signes de la folie douce sont sourire, rire, grimacer, pleurer, gesticuler avec force, chanter à tue-tête, danser de manière endiablée, se mettre en colère avec des gestes violents mais sans attaquer ni frapper autrui, être capable de défouler ses émotions sans culpabilité, avec des gestes et des sons, en un mot avoir le comportements des jeunes enfants.

Exercice : les grimaces

Oh, le merveilleux exercice ! Si vous rencontrez un enfant, dans n'importe quel pays du monde, il sera très heureux de faire avec vous un concours de grimaces. C'est un formidable moyen de communication si vous ne parlez pas la langue du pays car en un instant, tous les enfants seront vos amis.

Tordre son visage dans tous les sens, loucher, tirer la langue, faire des sons bizarres, avoir l'air le plus idiot possible, ressembler à un monstre ou à un tigre rugissant, imiter les mimiques et les « miaou » du chat, les aboiements du chien, les yeux ronds du poisson, tous ces gestes qui mobilisent les muscles du visage dans tous les sens font un bien « fou ». Normalement, pour chaque grimace, des gestes de tout le corps en forment le prolongement. C'est d'ailleurs un test pour voir si quelqu'un a gardé le contact avec son « enfant intérieur » : demandez-lui de faire une grimace. S'il vit naturellement, il fera une magnifique grimace qui mobilisera tous les muscles du visage, un son sortira de sa gorge et tout son corps se tordra. S'il a été touché par la civilisation, il fera juste une petite torsion des lèvres, froncera le nez ou, tout simplement, refusera en disant que c'est ridicule.

Faites une grimace et en quelques instants, vous serez relaxé et votre état naturel, qui est de sourire à la vie, reviendra. Vous regarderez le lieu où vous êtes avec des yeux neufs. Au lieu d'être attiré par tout ce qui ne va pas, votre regard sera comme aimanté par les choses positives de la vie.

Merveilleuses grimaces qui nous libèrent des stéréotypes négatifs reçus de nos parents et nous rendent le regard clair, innocent, curieux et joyeux de l'enfant ! Merveilleuse vie qui nous permet d'apprendre à lâcher nos tensions pour être sans cesse heureux !

Faire des grimaces constitue une excellente gymnastique et un puissant défoulement émotionnel. La stimulation des muscles du visage par les grimaces représente une des meilleures mesures pour éviter le vieillissement de la peau. Les femmes qui confient leur visage aux chirurgiens esthétiques sont victimes d'un véritable marché de dupes, car ceux qui les opèrent savent que les résultats à long terme ne sont pas bons. Hélas, enseigner l'art de bien vivre prend davantage de temps et n'est pas aussi lucratif que la chirurgie esthétique, symbole d'une société matérialiste qui donne priorité au paraître et exclut les vieux, les ridés, ceux qui ne sont pas des copies conformes des mannequins à la mode. Une société qui a oublié que la beauté, c'est avant tout oser s'aimer soi-même, de l'intérieur, quelle que soit la forme de son corps ou le nombre de ses rides. Une société d'adultes stressés qui ont perdu le goût de faire des grimaces[2].

Voici un autre exercice, à pratiquer avec quelques amis adeptes de la folie douce. Ici aussi, le but est de vous aider à retrouver la spontanéité et l'énergie des enfants.

Exercice : la récréation

Imaginez que vous êtes dans une école et sentez-vous comme des enfants à la récréation. Observez les deux règles suivantes :

1. Courez en tous sens en faisant le plus de bruit possible.
2. Ne touchez personne.

Bien sûr, vous pouvez aussi pratiquer cet exercice quand vous êtes seul. Il suffit d'imaginer la présence d'autres personnes faisant comme vous. Vous verrez, quelques minutes de récréation chassent la fatigue et les idées noires en un clin d'œil !

Dans les séminaires que nous animons, nous sommes toujours émerveillés de voir la puissance de cet exercice. En quelques minutes, les adultes les plus sérieux retrouvent le plaisir d'être des enfants qui jouent. Le corps est revitalisé, le cerveau nettoyé de tous ses problèmes, la vie circule et la gaieté fait sourire tous les visages. C'est vraiment spectaculaire ! Quand on fait cet exercice en groupe, on peut souligner à quel point le corps humain est doté de facultés prodigieuses. Il est capable de se déplacer à toute vitesse en tenant compte des autres, puisqu'il capte avec précision tous les gestes et les mouvements des corps et parvient à éviter les chocs et les collisions.

II

Se délivrer de la violence

Un grand nombre d'êtres humains sont prisonniers d'un **dualisme destructeur** que l'on peut résumer ainsi : soit, j'exprime ma colère et je fais du mal à autrui, soit je la retiens en moi et j'en subis les conséquences en m'autodétruisant peu à peu.

Les assassins et les délinquants qui ne refoulent pas leurs émotions sont rarement malades, mais on les enferme. Les refoulés émotionnels tombent malades et se retrouvent, eux aussi, enfermés, non dans des prisons, mais dans des hôpitaux ! Dans les deux cas, la colère, la rage et la violence font des ravages terribles, engendrent des souffrances innombrables.

Délinquants et malades sont victimes d'une même ignorance. Ils n'ont pas appris à **gérer positivement leur colère**. Soit ils laissent sortir sans contrôle leur violence contre autrui, soit ils sont incapables d'éliminer cette violence qui bouillonne à l'intérieur de leur corps et détruit peu à peu leur système immunitaire.

Le mal étant nommé, que faire ? Peut-on gérer positivement sa colère ? Peut-on extérioriser sa violence, sans frapper ou tuer autrui ? Oui, c'est possible. Cela se résume ainsi : « Tapez, oui, tapez… mais tapez à côté ou tapez sur un coussin quand vous êtes seul ! »

Autrement dit, il ne s'agit pas retenir sa violence (tapez !) mais de la diriger de manière à ne pas taper **sur** quelqu'un. Il s'agit de taper **à côté** ou de taper sur quelque chose qui ne puisse pas être abîmé. Si vous avez envie de donner une fessée à votre enfant, donnez-la, cette fessée qui soulagera vos nerfs, mais plutôt que de frapper votre chérubin, tapez sur un coussin ! Cela vous fera du bien, sans faire de mal à un être qui vous est cher. Ou alors isolez-vous pour décharger votre haine hors de la vue de spectateurs qui en auraient peur. Vous avez envie d'étrangler votre chef de bureau ? Faites-le… enfin, pas tout à fait ! Au lieu de serrer son cou, isolez-vous, prenez un paquet de chiffons ou un linge mouillé et allez-y, libérez votre pulsion destructrice. Une rage terrible vous étouffe le cœur ? Vous vous en voulez d'être malheureux ? Ne vous faites plus souffrir ! **Laissez sortir votre malheur**, tapez, criez, hurlez, trépignez, gesticulez… intensément, mais sans vous faire de mal et sans faire de mal à autrui.

Vous en voulez à la vie, à Dieu, à vos parents, au percepteur… peu importe les noms que vous mettez sur la liste, vous pouvez vous **délivrer** de cette révolte qui vous ronge. Prenez une raquette de tennis et un matelas usagé et frappez à deux mains sur le matelas avec la raquette, en criant le plus fort possible. Allez-y de bon cœur… Quel soulagement quand, après quelques instants, vous vous sentirez libéré, **déchargé de toutes les tensions** émotionnelles. Un père de famille a découvert les bienfaits du défoulement émotionnel grâce à un vieux matelas posé dans son garage et une raquette de tennis. Lorsqu'il rentre chez lui, s'il est tendu et énervé, son fils de cinq ans lui dit avec autorité : « Papa ! Raquette ! ». Il a beau protester qu'il n'en a pas besoin, il ne peut tromper son fils et doit s'exécuter !

Le jour où toutes les familles auront appris à remplacer les mots blessants et les gifles par ce genre d'exercice, les méfaits de la violence pourront enfin cesser et le monde retrouvera sa vraie nature de merveilleux terrain de jeux dans lequel adultes et enfants peuvent vivre dans l'harmonie et la joie.

Les **jeunes enfants** sont nos professeurs de gestion émotionnelle. Dès qu'ils ressentent une émotion, ils la font sortir de leur corps par une gestuelle naturelle, non contrôlée par l'intellect. Les **animaux**, eux aussi, nous montrent comment ne pas refouler ses émotions mais les exprimer aussitôt. Dans les **peuples des anciennes cultures**, ces peuples chamaniques qui n'ont pas développé de civilisations conquérantes et destructrices mais ont toujours vécu en harmonie avec la nature, tout adulte peut, lorsqu'il en ressent le besoin, **redevenir un enfant** qui rit, pleure, crie, hurle, gesticule et vide ainsi ses émotions sans jamais chercher à les déverser sur autrui. Dans les pays dits civilisés, où règne une intense répression émotionnelle, personne ne peut se comporter comme un enfant en public s'il a dépassé l'âge d'entrer à l'école primaire. On le prendrait aussitôt pour un fou ! Il s'agit donc, dans les pays réprimés émotionnellement, de se cacher pour défouler ses émotions.

De plus en plus de thérapeutes, dans tous les pays du monde, sortent du cadre limité de l'intellect et des thérapies qui ne s'occupent que du corps physique pour retrouver les **techniques de guérison spirituelle** utilisées par les chamanes ; ceux-ci collaborent avec leurs alliés spirituels pour délivrer les êtres humains de leurs maux et leur enseigner un art de vivre intégrant le physique, l'émotionnel, le mental et le spirituel dans une **danse lumineuse et joyeuse**, une danse délivrée des luttes et des peurs qu'avait engendrées notre perte de connexion avec le divin qui est en nous.

En sortant des dépendances, de la peur et de la soumission au pouvoir d'autrui, nous retrouvons notre souveraineté d'enfants divins du Père céleste et de la Mère cosmique. Nous nous dépossédons des mémoires de souffrances et de limitations du passé et retrouvons notre joie étincelante d'êtres immortels, infinis, éternels et universels !

Exercice : l'ours

1. Mettez-vous debout, les bras le long du corps, puis laissez votre tête tomber en avant en expirant.

2. Quand vous êtes au maximum de la flexion, relâchez vos mains et vos bras, détendez les muscles du visage en faisant toutes sortes de grimaces et laissez sortir de vos poumons des sons variés… laissez-vous aller comme si vous étiez un ours qui sort de sa caverne au printemps, s'étire et se secoue en se dandinant.

3. Laissez partir toutes les tensions de la gorge, en faisant mille sons et grognements, libérez votre visage, vos doigts, mains et bras des conditionnements sociaux et des refoulements émotionnels qu'impose la vie quotidienne. Pendant quelques instants vous êtes un ours, libre de tout conformisme et de tout contrôle mental. Vous ne vous occupez que de vous faire du bien, de sentir votre corps physique qui se détend et votre corps émotionnel qui se dépollue de toutes les tensions psychiques accumulées.

4. Relevez ensuite lentement la tête en reprenant le masque poli de la vie sociale et sentez à quel point ces

quelques instants de « vie sauvage » vous ont fait du bien. Votre cerveau, grâce à la position de la tête vers le bas, a reçu un flot de sang oxygéné qui l'a stimulé aussi bien qu'une cigarette ou un café l'aurait fait, avec le grand avantage que vous n'avez absorbé aucun poison !

III

Se délivrer des dépendances

Lorsque nos pensées et nos émotions sont paisibles et sereines, nous fabriquons des **benzodiazépines**, autrement dit les mêmes molécules que celles contenues dans le Valium®, ce médicament qui a apporté la fortune au géant de la chimie Hoffmann la Roche et rendu des millions de gens dépendants, les entraînant dans une toxicomanie d'autant plus pernicieuse qu'elle est légale et bénie par le corps médical. Le Valium® est l'équivalent de la pensée de **tranquillité** et de **calme émotionnel** au niveau biochimique cellulaire, non seulement dans les neurones cérébraux mais aussi dans les cellules immunitaires et les cellules de tous nos organes. Lorsque nous acceptons ce que la vie nous donne, même s'il s'agit d'un accident douloureux, nous **fabriquons** instantanément des **endorphines**, qui sont de la morphine naturelle, et nous voyons disparaître nos douleurs pour entrer dans une douce euphorie.

Ainsi, un coureur de marathon connaît une phase douloureuse dans sa course mais, comme il **accepte pleinement son stress** et ne le juge pas comme une calamité, il sécrète rapidement des endorphines qui lui permettent de se sentir léger, dynamique et merveilleusement bien dans sa peau. Si en revanche, nous refusons l'expérience que nous vivons et portons des jugements négatifs sur ce qui nous arrive, nous entrons dans des **états émotionnels de peur**, de colère, de frustration ou de rancune qui se traduisent, sur le plan neurohormonal, par la sécrétion d'adrénaline et de neurotransmetteurs de stress qui vont paralyser notre système immunitaire et engendrer toutes sortes de troubles dans notre corps. Toutes les fonctions de notre organisme dépendent de la façon dont nous gérons nos émotions et nos pensées. Lorsque nous sommes contents, notre niveau d'**interleukine** (une très puissante substance anticancéreuse) augmente de façon significative alors qu'il s'abaisse lorsque nous broyons du noir et n'extériorisons pas nos émotions. Aller voir un film amusant ou une pièce de théâtre de boulevard (si tel est votre plaisir !) va vous faire produire des quantités d'interleukine qui, si vous deviez les acheter, vous coûteraient des dizaines de milliers d'euros ! Rire est le meilleur Prozac du monde et c'est gratuit !

Notre cerveau et l'ensemble de nos cellules sont des millions de fois plus intelligents que tous les médecins, pharmaciens et scientifiques du monde. Il vaut donc mieux faire confiance à la sagesse multimillénaire du corps plutôt qu'aux médicaments chimiques fabriqués depuis quelques décennies à peine par l'industrie pharmaceutique, ceci d'autant plus que les substances biologiques produites par nos cellules sont dosées avec une précision hallucinante à chaque millième de seconde. Il est impressionnant d'apprendre que nous sommes capables de fabriquer la quasi-totalité des substances que nous achetons en pharmacie ou dans la rue, puisque notre corps peut produire lui-même l'équivalent de tous les médicaments de la pharmacopée et même des drogues illégales comme la marijuana, l'héroïne ou la cocaïne !

Une thérapeute américaine spécialisée dans le traitement de la **toxicomanie** avait mis au point une remarquable méthode pour que ses patients apprennent à fabriquer eux-mêmes les substances dont ils étaient devenus les esclaves. Elle leur expliquait d'une voix ferme que la pharmacie interne du cerveau pouvait les guérir de leurs troubles et qu'elle allait leur enseigner une technique simple pour faire naître les « drogues cérébrales » qui allaient remplacer leurs drogues habituelles. Elle leur affirmait qu'ils avaient tort de se culpabiliser d'avoir consommé des substances qui leur procuraient du plaisir, mais qu'il était vraiment plus simple et moins onéreux d'**utiliser leur propre cerveau** pour fabriquer tout ce dont ils avaient besoin pour se sentir bien. Elle les invitait ensuite à fermer les yeux pour s'imaginer en train de créer, dans leur tête, une dose massive de leur drogue préférée pour la laisser couler dans tout leur corps lorsqu'elle en donnait le signal. Ses patients faisaient alors l'expérience d'un **état euphorique** qui leur prouvait, mieux que toute théorie, qu'ils pouvaient sortir de la dépendance en **utilisant leur propre conscience** pour créer les substances du bien-être. Cette thérapeute leur disait alors : « Depuis des années, la drogue contrôlait votre vie, maintenant c'est l'inverse. Vous êtres devenus vos propres producteurs ! »

Par cette approche révolutionnaire, ces patients découvraient que leur toxicomanie n'était pas une prison mais une illusion. Des années de douleur, de frustration, de culpabilité et de perte de l'estime de soi devenaient caduques. Ils sortaient de la dépendance envers des produits extérieurs pour retrouver leur **pouvoir créateur** en utilisant la magie de leur **propre cerveau**.

Il est temps que nous sortions de l'âge de la dépendance, où nous croyons que la solution de nos problèmes ne peut venir que de l'extérieur, pour entrer dans l'âge de l'indépendance, où l'éducation nous apprend à utiliser nos ressources intérieures, nos forces naturelles de régénération.

IV

La gestion des émotions

Un nouveau courant de pensée déferle depuis quelques années sur les États-Unis, pays où la société moderne se trouve confrontée à des problèmes majeurs : violence et pauvreté urbaines, maladies de civilisation, stress, toxicomanie… De plus en plus de gens prennent conscience que la civilisation matérialiste actuelle s'est développée sans permettre aux individus de vivre d'une manière saine, épanouissante et génératrice de bonheur et de paix. De plus en plus de médecins, de psychologues, de thérapeutes et d'éducateurs commencent à explorer un domaine délaissé jusqu'ici : la **gestion des émotions**.

On parle de « **forme émotionnelle** » *(emotional fitness)* pour définir la capacité de l'individu à respecter ses propres émotions et sentiments ainsi qu'à savoir les gérer sainement tout en laissant aux autres le droit de vivre les leurs comme ils l'entendent. De nombreuses études scientifiques ont montré, ces deux dernières décennies, que l'ignorance émotionnelle coûte très cher à la société. Ceux qui vivent en permanence avec des sentiments d'hostilité envers eux-mêmes et envers les autres, ceux qui passent de phases d'excitation à des phases de dépression, ceux qui extériorisent leurs émotions fortes dans la violence, ceux qui les musellent mais créent autour d'eux une atmosphère irrespirable, ceux qui bâillonnent si fort leurs sentiments qu'ils finissent par tomber malades, toutes ces personnes dont le comportement quotidien montre l'incapacité à gérer leurs émotions, sont des victimes. Elles sont soumises soit à des bouffées d'agressivité qui les mènent à la délinquance, soit à une répression constante des émotions qui les conduit en droite ligne vers la maladie. Hôpitaux, prisons, hôpitaux psychiatriques et institutions de toutes sortes, suicides, enfants battus, viols, violences dans les écoles et dans les rues, divorces et conflits sont les symptômes sociaux qui découlent du manque d'éducation émotionnelle. On devrait **enseigner la gestion des émotions** dans les écoles comme on enseigne à lire et à écrire.

La médecine a accumulé les preuves que les émotions mal gérées conduisent vers les maladies de civilisation et qu'un apprentissage **d'extériorisation positive des émotions**, sans violence exercée contre autrui, améliore de façon spectaculaire les processus de guérison. Plusieurs études ont ainsi montré que, pour des femmes porteuses d'un cancer du sein avancé, la fréquentation, une fois par semaine, d'un groupe de soutien où on leur apprenait à extérioriser leur colère, leur tristesse, leur peur et leur chagrin, permettait une survie deux fois plus longue que dans un groupe témoin. Des recherches ont également montré que si le milieu nerveux et humoral changeait, des cellules cancéreuses pouvaient redevenir normales, ce qui ouvre des perspectives fascinantes à une approche globale du cancer.

La **psychoneuroimmunologie**, qui s'intéresse aux effets des états mentaux et émotionnels sur la physiologie du corps, a multiplié les preuves que des émotions refoulées paralysent les fonctions vitales essentielles et font le lit de nombreuses maladies. Les chercheurs ont trouvé un certain nombre des mécanismes neurohormonaux par lesquels s'élabore cette somatisation des émotions non extériorisées, et un nouveau concept est né de toutes ces recherches, celui de l'**intelligence émotionnelle**. Dans cette approche, on va s'occuper du Quotient Émotionnel (QE) de la même façon que l'intelligence « intellectuelle » est mesurée par le Quotient Intellectuel (QI).

L'intelligence émotionnelle peut s'acquérir et se développer. Exactement comme chacun peut apprendre à lire et à écrire, il est possible de devenir « émotionnellement éduqué » en apprenant à **connaître ses émotions**, à les comprendre et à les utiliser pour croître en harmonie et en sagesse. La Terre est une école dont les professeurs s'appellent expériences.

Le but de la croissance individuelle est d'aller vers toujours plus de conscience et de capacité à aimer. Les émotions sont des signaux importants qui attirent notre attention vers des secteurs de notre vie qui ont besoin de nous. Notre corps est comme le lit d'une rivière où coulent les eaux de nos émotions et il nous appartient d'éviter tant l'inondation que la sécheresse ! Un flot régulier et modulé d'émotions est indispensable à notre bien-être. Trop ou trop peu d'émotions mène au déséquilibre. En fait, lorsque nous ressentons une émotion, quelle qu'elle soit, il s'agit de l'observer, de l'accepter puis de la laisser couler à travers notre corps pour comprendre ses leçons et agir de façon nouvelle.

John Gray, célèbre auteur de l'ouvrage *Les hommes viennent de Mars, les femmes viennent de Vénus* (J'ai Lu), ce livre sur les relations de couple qui s'est vendu à des millions d'exemplaires de par le monde, montre que des parents aimants, qui acceptent leurs enfants avec toute la gamme de leurs émotions, vont permettre à ceux-ci de devenir des **adultes épanouis et équilibrés**. Mais si les parents imposent à leur progéniture les habitudes de répression émotionnelle que leur ont léguées leurs propres parents, colère, frustration, sentiment de révolte, de rejet et de solitude emplissent peu à peu le corps émotionnel des enfants qui grandissent.

John Gray insiste sur le fait que, pour un enfant, le plus important est d'être **approuvé** dans tout ce qu'il est et dans tout ce qu'il fait. C'est le fondement même de **l'amour inconditionnel**. Cette approbation permet à l'enfant de s'accepter tel qu'il est, dans toutes ses facettes, sans se sentir jugé ni rejeté. Un enfant qui aura grandi dans une telle atmosphère saura, une fois parvenu à l'âge adulte, **accepter toutes ses émotions** et les vivre de manière saine, en évitant les pièges du refoulement ou de l'expression de ses émotions négatives par la violence des mots ou des gestes.

Le Dr Deepak Choprah, médecin indien vivant aux États-Unis et auteur de nombreux best-sellers, suggère de **tenir un journal** pour mieux connaître et comprendre ses états émotionnels. Discerner les **émotions positives** comme l'amour, la sympathie, le bonheur, la confiance, la joie, l'acceptation, l'amitié, la compassion, les sentiments positifs comme l'intuition, l'esprit de découverte, la foi, le pardon, la révélation, la transcendance, la paix et la fusion et les **émotions négatives** comme la colère, l'anxiété, la culpabilité, le manque de confiance, la jalousie, l'envie, la tristesse, l'égoïsme, l'avarice, tout ce travail d'étude de ses états intérieurs est précieux pour ne plus être victime de ses émotions mais pouvoir les accepter et remonter aux croyances mentales qui les ont engendrées. Pour le Dr Choprah, les émotions ne sont pas des ennemies mais des amies. Une fois reconnues et comprises, elles nous permettent un **travail sur nous-mêmes** qui accroît notre **estime de soi**. Dans ses livres, il relate de nombreux cas de guérisons médicalement inexplicables mais qui surviennent naturellement lorsqu'une personne retrouve le contact avec sa nature profonde, cette partie d'elle-même qui n'a jamais été prise dans le piège des pensées limitées et des émotions réprimées qui sont à l'origine de la plupart de nos maladies. Ses idées médicales, psychologiques et spirituelles ont touché beaucoup d'Américains et ont été adoptées par un grand nombre de célébrités[3].

Aux États-Unis, la gestion des émotions est devenue l'un des sujets clés qui passionnent ceux qui cherchent des solutions aux problèmes de notre société moderne. De nombreux livres lui sont consacrés, des débats télévisés et des articles de presse font circuler des idées nouvelles qui ont toutes une coloration optimiste puisque l'éducation émotionnelle, que l'on pourrait appeler aussi l'**écologie émotionnelle**, s'applique à donner à chacun les moyens d'être bien dans sa peau, dans son cœur et dans sa tête. Le bonheur et la santé sont une affaire individuelle. Une meilleure connaissance de soi et quelques techniques simples de défoulement émotionnel suffisent pour assurer aux individus « émotionnellement conscients » une **réussite personnelle intérieure** de chaque instant. La vie n'est plus gaspillée à subir, à attendre ou à lutter avec désespoir dans des conflits où il n'y a que des perdants. Elle devient un **espace de plaisir**, d'apprentissage et de jeu. L'énergie qui était utilisée pour survivre ou écraser les autres est à nouveau disponible pour **apprécier l'instant présent**, ce fabuleux moment où résident le bonheur et la plénitude. Être heureux n'est plus un rêve pour demain ou un souvenir d'hier mais une dynamique d'attention aux leçons de chaque seconde et un développement de sa capacité d'être responsable, c'est-à-dire de **répondre à tous les défis de la vie** d'une manière souple, consciente et joyeuse.

Le monde des affaires s'intéresse de plus en plus à la gestion des émotions, car on réalise aujourd'hui qu'un employé ou un cadre stressé non seulement n'apporte pas d'énergie positive à l'entreprise mais fonctionne comme un vrai trou noir qui tire les autres vers le bas et mène l'ensemble du groupe vers les conflits et les difficultés.

Pendant des siècles, les hommes ont été étrangers au monde des émotions que seules les femmes connaissaient. Pour survivre, les hommes se sont endurci le cœur afin de ne pas sentir ce qui se passait chez les autres et de pouvoir faire la guerre sans peur ni pitié. Le monde des affaires semble parfois aussi dur et démoralisant que les champs de batailles du passé. Les armes ont changé mais la **dureté de cœur** est restée. On croit encore souvent qu'un homme, pour réussir, doit se fabriquer une carapace pour ne rien sentir et éviter la peur et la colère. Des armées d'hommes en complet veston ou en blouse blanche détruisent l'environnement et leur propre vie sans rien ressentir parce qu'ils ont mis leur sensibilité au congélateur. Ils sont émotionnellement gelés. Mais les concepts guerriers des technocrates s'effritent peu à peu, et de nouvelles générations d'hommes d'affaires perçoivent que le travail peut être un plaisir et un jeu plutôt qu'une lutte impitoyable pour survivre. Dans un livre rapidement devenu un best-seller (*Executive EQ*, non traduit en français), Robert K. Cooper et Ayman Sawaf, un consultant professionnel et un homme d'affaires passionné par l'éducation émotionnelle, expliquent les fondements d'une **formation émotionnelle** capable d'apporter un extraordinaire dynamisme aux entreprises d'aujourd'hui et de demain. Ils proposent un **test d'intelligence émotionnelle** pour mesurer l'aptitude individuelle à gérer positivement ses émotions, afin d'amener à une prise de conscience de l'importance de ce sujet. Leur livre apporte une nouvelle vision du travail. Il ne s'agit plus de se tuer à la tâche pour survivre dans la jungle impitoyable du monde des affaires mais d'apprendre à se sentir bien, détendu, serein, créatif et enthousiaste pour donner à ses activités professionnelles un sens éthique et contribuer à la bonne marche de la société sans sacrifier sa vie personnelle. Le travail sur les émotions débouche sur la **confiance en soi**, la capacité de vivre tous les changements avec souplesse, le plaisir de transformer le travail en jeu et la joie de pouvoir apprécier ses collaborateurs comme ses concurrents sans peur, colère ou jalousie.

Lors d'un voyage en Europe, Ayman Sawaf, qui est un ami très cher, nous déclarait : « *De plus en plus d'entreprises, d'institutions, d'universités et d'écoles prennent conscience de l'importance des émotions et de l'intérêt d'une réflexion en profondeur sur ce sujet. Avoir des émotions n'est plus considéré comme un handicap qui freine la réussite mais comme un atout, pour autant bien sûr que l'on ait appris à gérer intelligemment les pulsions que l'on ressent. Nous avons aussi mis sur pied une fondation pour l'éducation émotionnelle qui fait connaître toutes les recherches effectuées dans ce domaine. Tout cela montre que la "révolution émotionnelle" est en marche à tous les niveaux de la vie sociale. Rien ne pourra l'arrêter. Chaque fois qu'un individu comprend qu'il est libre de choisir des pensées positives plutôt que des pensées négatives et qu'il peut gérer ses émotions sans les déverser sur autrui, il entre dans un monde merveilleux où tout est possible et peut faire de sa vie un vrai conte de fée !* »

Le psychologue américain Daniel Goleman est l'auteur d'un livre phare sur ce sujet, paru en français sous le titre *L'intelligence émotionnelle – Comment transformer ses émotions en intelligence* (Robert Laffont). Il montre que la gestion des émotions est une tâche urgente. L'émotion, comme le suggère l'étymologie du mot *(e-motere* : mobiliser vers l'extérieur) provoque une tendance à agir. **L'émotion est un carburant**, une **énergie** à la disposition de l'action. Le cerveau possède deux systèmes de mémoire : l'un pour les faits ordinaires, l'autre pour les faits chargés d'émotion. C'est l'amygdale (une partie du cerveau) qui fait imprimer dans l'hippocampe (une autre partie du cerveau) les moments de **stress émotionnel**. Elle peut les retrouver en un temps record et déclencher une **alerte générale** dans tout le corps avant même que le cortex cérébral conscient ait pris connaissance des signaux émis. Il s'agit d'une sorte de réflexe d'une ampleur considérable qui met en branle des dizaines d'hormones et de neurotransmetteurs. Ce mécanisme est très utile dans certaines circonstances où il permet la survie par une réaction très rapide. Ainsi la colère, comme chez l'animal, donne la force de défendre son territoire, son intégrité physique et, par extension, son identité. Mais, écrit Goleman : *« Alors que, dans un lointain passé, une explosion de colère pouvait conférer un avantage décisif pour la survie, la possession d'armes à feu par des enfants de 13 ans (ce qui est fréquent aux États-Unis) en a rendu les effets désastreux. »*

Nous sommes des êtres aux talents multiples et toute tentative de nous normaliser et de nous comparer à des critères statiques nous fait inutilement souffrir en nous éloignant de ce que Goleman appelle « **l'état de fluidité** » dans lequel nous fonctionnons avec plaisir, grâce et efficacité, en étant à la fois détendus et concentrés. Les émotions mal gérées nous font perdre cet état et chercher des boucs émissaires, accusés d'être la cause de nos maux. Une fois que l'on a appris à apaiser ses propres émotions, on peut s'exercer à aider autrui à gérer sa fureur ou sa peine, sans le critiquer ni le condamner. En manifestant à l'autre son empathie, en partageant son point de vue et sa douleur, on peut lui montrer comment sortir de la peur et de la violence.

Un Français fut l'un des pionniers de l'**art du mieux-vivre** qui, en Amérique du Nord, s'est développé pour tenter d'enrayer les ravages du stress, de la compétition effrénée et d'un mode de vie aussi irrespectueux des êtres humains que des animaux, végétaux et minéraux avec lesquels nous cohabitons sur la planète Terre. Ce Français, c'est le pharmacien Émile Coué qui, au début du XXe siècle, avait compris que nombre de maladies et de désordres physiques et psychiques sont le fruit **d'autosuggestions inconscientes et négatives**.

Le neurologue américain Antonio R. Damasio, dans son livre *L'erreur de Descartes* (Odile Jacob), rapidement devenu un best-seller, montre que le célèbre philosophe français avait eu tort de postuler un dualisme entre le corps et l'esprit. La « raison pure » est un mythe car l'homme est une unité indissociable. **Sans les élans du cœur, la raison est infirme**. Damasio explique que, pour être capables de raisonner, nous avons besoin d'une intense vie émotionnelle. Ce concept remet en question tout notre système éducatif qui rend les écoles tristes, froidement intellectuelles et dénuées de chaleur émotionnelle. Dans les écoles du futur, ou pourra jouer, danser, chanter, créer, imaginer et s'amuser de mille manières pour qu'apprendre soit une fête pour le corps, le cœur, la tête et l'âme enfin considérés comme faisant tous partie de l'être humain ! Nous mettrons ainsi fin à ces siècles d'« **apartheid intérieur** » soumis à la dictature de l'intellect.

Il est capital, avec toute émotion, de suivre les étapes suivantes :
1. *Identifier* l'émotion que l'on ressent avant que notre juge intérieur ne l'expédie dans l'inconscient.
2. *Ressentir* les effets de cette émotion sur notre corps en observant nos sensations, les modifications de notre respiration et les changements de nos perceptions de nos organes et structures moléculaires.
3. *Extérioriser* l'émotion par des gestes spontanés, des étirements, des bâillements, des cris, des pleurs ou des rires. Il s'agit de laisser l'émotion sortir à travers les muscles du corps, comme nous le faisions lorsque nous étions enfants et n'avions pas encore appris à nous contrôler en réprimant nos émotions.
4. Ensuite seulement, nous pouvons *examiner la croyance* qui a été à l'origine de cette émotion afin de la changer contre une croyance meilleure.

Beaucoup de gens pensent pouvoir gérer leurs émotions par un processus intellectuel. Ils essaient de se raisonner en se disant par exemple : « Je ne veux pas me mettre en colère », sans se rendre compte qu'**un contrôle mental exercé continument sur les émotions pour les neutraliser crée un stress permanent** qui affaiblit la résistance et la vitalité du corps physique. Constamment juguler ses émotions par l'intellect est l'une des habitudes les plus nocives des peuples des pays occidentaux qui vivent sous tension, en permanence victimes du sérieux et de la répression émotionnelle généralisée qui leur ont été imposés par le conformisme social. Chez les peuples qui vivent loin de la civilisation, rien de tel ! Les gens de tous âges rient, chantent, pleurent ou crient comme peuvent le faire les enfants. Ils dansent fréquemment et utilisent la musique pour aider l'extériorisation émotionnelle. **C'est à travers leur corps que leurs émotions s'expriment**, comme la nature l'a prévu. Ils n'accumulent pas en eux de colères ou de frustrations, de rancunes ou de ressentiments. Ils ont gardé, à l'âge adulte, les capacités émotionnelles des enfants. En conséquence, ils ne se prennent pas au sérieux et l'humour illumine sans cesse leur quotidien.

Nous ne pouvons pas supprimer nos émotions et les transcender par une discipline purement intellectuelle, nous devons les laisser partir à travers le corps physique. Croire que l'on peut éliminer ses émotions en les muselant par l'intellect est une illusion très répandue dans nos sociétés modernes. Elle donne naissance à des souffrances psychiques et physiques innombrables. Beaucoup de gens sont persuadés que leur colère ne vient pas d'eux mais de leurs proches qu'ils accusent sans cesse : « C'est de ta faute ! Tu m'énerves ! Tu es la cause de mes problèmes ! » sans réaliser que les émotions qu'ils ressentent étaient là avant que les autres ne les mettent en évidence. Personne ne peut nous mettre en colère, c'est nous qui réagissons ainsi parce que nous sommes pleins jusqu'à ras bord d'émotions non éliminées. Les personnes qui nous touchent émotionnellement nous rendent un service. Elles nous aident à voir les « **poches de mémoire douloureuses** » que nous n'avons pas encore vidées.

Souhaitons que la gestion des émotions débouche sur une **nouvelle conscience collective** porteuse de liberté, de responsabilité et d'épanouissement. Nous pourrons ainsi progressivement passer d'une société où l'intellect a été un maître absolu, un despote dominateur, à une nouvelle organisation sociale où le cœur et le corps auront leur mot à dire. Chaque individu saura écouter l'inspiration profonde qui le guide vers son bonheur, en harmonie avec ceux qui l'entourent.

Le malheur n'est pas quelque chose de naturel. C'est une invention humaine. Naturellement, l'être humain est heureux. Regardez un instant un bébé s'émerveiller de faire bouger ses dix doigts, quel que soit le milieu dans lequel il vit, et vous en aurez une preuve plus convaincante que mille mots ! **Fondamentalement, nous sommes des êtres magnifiques, géniaux, créatifs** dans des domaines variés et complémentaires, des êtres qui ont choisi d'apprendre à gérer avec sagesse leur corps physique, leur corps émotionnel et leur corps mental. Pour y parvenir, nous sommes guidés par un **flot permanent de vérité et de lumière** qui coule de notre corps spirituel vers nos trois autres corps. Quand ce courant de conscience et d'amour n'est pas bloqué par des pensées et des émotions négatives, la créativité mentale est exubérante, le bonheur et la gaieté emplissent le corps émotionnel et toutes les fonctions de l'organisme biologique s'effectuent parfaitement en assurant santé et immunité à chaque instant. Notre état naturel fondamental est donc la joie, l'enthousiasme (dérivé du grec ancien *enthousiasmós*, « possession ou transport divin ») et l'illumination, qui n'est pas la chasse gardée des saints et des mystiques du passé mais l'**agréable sentiment de plénitude et de gratitude** qui naît de sentir notre intimité profonde avec tout ce qui vit.

Exercice : le tigre

1. Debout, les pieds légèrement écartés (à la verticale des hanches), imaginez que vous êtes un tigre dans la jungle, dressé face à un tronc d'arbre. Levez la patte gauche (en fait votre main gauche !) le plus haut possible et griffez le tronc vers le bas, jusqu'à la hauteur de votre taille.

2. Effectuez le même mouvement avec la patte droite. Faites ce geste de plus en plus vite, les genoux légèrement fléchis. En même temps, faites des grimaces avec tous les muscles du visage, tout en rugissant comme un tigre. Pensez, si cela peut vous aider, à toutes les situations où vous avez été contrarié et où vous n'avez pas pu exprimer votre colère ou votre rage.

3. Augmentez l'intensité pour sentir que tout votre corps participe, sans toutefois dépasser le seuil des sensations agréables.

4. Pour terminer, poussez un grand cri, tout en faisant le geste de déchirer au-dessus de votre tête un voile qui représente tout ce qui vous a empêché de vivre libre et heureux.

Prenez alors quelques instants pour sentir la vie qui circule dans tout votre corps. Observez à quel point ce simple exercice vous a relaxé et revitalisé et exprimez silencieusement ou à voix haute votre reconnaissance envers cette merveilleuse cathédrale qu'est votre corps physique et ces musiques célestes qui s'appellent émotions et pensées et le font résonner de plaisir et de bien-être !

Lorsque nous faisons faire cet exercice dans des conférences ou lors de séminaires d'entreprises consacrés aux **techniques de lutte antistress** et de gestion des émotions, des participants nous posent chaque fois trois questions, qui correspondent à des failles que l'intellect aime à trouver lorsqu'il est confronté à ce type de problème :

1. « Cet exercice est bruyant et impossible à pratiquer si l'on a des voisins ! » Nous répondons en riant qu'il y a moyen de faire le tigre « version

HLM », c'est-à-dire pratiqué exactement de la même manière mais sans émettre de sons. On fait comme si l'on criait et rugissait en expirant intensément mais sans faire de bruit. L'important, pour que les émotions sortent, est que tous les muscles du corps participent avec le même tonus.

2. « Je me sens gêné de faire un exercice de ce genre, même lorsque je suis seul. » Cette honte qui nous empêche de nous libérer émotionnellement correspond à la pression du juge intérieur, ce personnage étonnant qui a été créé puis renforcé par les croyances de nos parents et de nos professeurs. Ce juge nous barre l'accès à la souveraineté et à la spontanéité. Il est le geôlier qui nous retient dans la prison du conformisme. Il n'est pas facile de se libérer de sa tutelle. Pourtant, lorsque nous comprenons que vivre dépendants de son regard nous enferme dans la souffrance, nous pouvons créer des moments de liberté pour nous exprimer comme des enfants encore non conditionnés par les habitudes sociales.
3. « L'énergie émotionnelle libérée par cet exercice ne peut-elle pas aller polluer des personnes sensibles ? » Nous expliquons alors qu'en pratiquant le tigre, nous dirigeons nos charges émotionnelles vers la Terre et vers le Ciel pour qu'ils les recyclent et les transforment. Notre intention n'est pas de faire du mal à qui que ce soit mais de nous libérer. On peut affirmer que cette intention a la force d'une prière, porteuse de nos désirs les plus profonds. Les émotions que nous

refusons de voir polluent l'atmosphère alors que celles que nous exprimons consciemment pour nous détoxiquer libèrent non seulement notre champ énergétique mais aussi celui de tous ceux qui nous entourent.

Quand on fait faire le tigre à des auditeurs au cours d'une conférence, il est étonnant de voir le spectacle de la salle juste après l'exercice. Les yeux brillent, les gens se mettent à parler à leur voisin avec chaleur, les sourires et les rires illuminent les visages, la fatigue s'est évanouie, c'est vraiment magique ! Dans tous les pays du monde, dans tous les milieux, les réactions sont les mêmes. Enfants, adultes, hommes, femmes, tous retrouvent le plaisir de se sentir affranchis des conventions sociales, heureux de communiquer dans la spontanéité. Nous avons ainsi eu l'occasion de faire faire le tigre à un groupe de fonctionnaires suisses de plusieurs centaines de personnes, dans le cadre d'une journée de perfectionnement des cadres consacrée aux moyens de lutte contre le stress. Ce fut un moment extraordinaire qui laissa à tous un souvenir inoubliable !

Nous recevons souvent des lettres émouvantes de personnes qui ont choisi, chaque fois qu'elles se sentent stressées ou énervées, de pratiquer le tigre plutôt que d'enfouir en elles leurs émotions ou de les extérioriser en agressant leurs proches, que ceux-ci aient tort ou raison. Elles décrivent l'**extraordinaire sentiment de liberté** que procure cet exercice. Grâce à lui, il est possible de se libérer des tensions sans faire de mal à autrui. Aujourd'hui comme il y a des milliers d'années, le tigre apporte à ceux qui le connaissent un précieux moyen de **santé** et de **pacification intérieure**. De plus, en nous nettoyant de nos tensions émotionnelles, nous contribuons à décharger l'atmosphère conflictuelle de la planète et à faire ainsi disparaître le climat de guerre qui nous a pollués pendant tant de siècles. Lorsque des parents font le tigre devant leurs enfants, ils montrent qu'ils sont capables de lâcher par moments leur pouvoir et décomplexent ainsi leur progéniture. En effet, pour un jeune, il est bon de voir parfois des adultes grimacer et exprimer leur colère d'une manière inoffensive. Cela contribue à éviter les conflits de générations. L'idéal, avec cet exercice, est de ne pas attendre d'être sous tension pour le pratiquer mais de s'y consacrer **préventivement** plusieurs fois par jour. Ainsi des flots de neurotransmetteurs de bien-être, d'endorphines euphorisantes et d'hormones intelligentes assurent à tous nos organes une félicité à toute épreuve et maintiennent notre système immunitaire en parfait état, quel que soit notre âge[4].

Johanne a été battue par son père et elle s'était promis, lorsqu'elle aurait elle-même des enfants, de ne pas lever la main sur eux. Pourtant, pendant de nombreuses années, elle ne put s'empêcher de distribuer des gifles et des fessées, tout en se sentant terriblement coupable de le faire. Lorsqu'elle découvrit le tigre et d'autres exercices de défoulement émotionnel, elle se précipita dans cette voie qui lui montrait la solution qu'elle cherchait depuis longtemps. Elle parvint rapidement à ne plus être violente avec ses enfants et cela lui procura une joie immense.

Tal, de son côté, n'avait pas connu les coups dans sa petite enfance mais une autre forme de violence, celle des mots qui font mal parce qu'ils sont lancés pour rabaisser et dévaloriser. Ayant appris à toujours contrôler ses émotions, il vivait sous un stress permanent et inconscient. La découverte du tigre et des autres exercices de libération émotionnelle lui apporta l'oxygène qui manquait à sa vie. En les pratiquant souvent à titre préventif, il découvrit qu'il est possible de vivre sans se polluer de tensions émotionnelles inconscientes et que cela correspond à l'un des atouts les plus importants pour être heureux à chaque instant.

V

Gestion des émotions et spiritualité

Savoir gérer ses émotions nous conduit tout naturellement à la **spiritualité**. Comme l'a dit le sage indien Swami Prajnanpad : « La spiritualité ? C'est seulement un autre nom pour désigner l'indépendance et la liberté sous tous leurs aspects. Ce n'est rien d'autre qu'une attitude mentale. Quand le mental est dépendant, il est dans le domaine matériel, quand il est indépendant, il relève du domaine spirituel. Ne dépendre que de soi est une autre définition de la spiritualité. » La dépendance vient de la croyance que nous avons besoin de l'autre pour que nos besoins soient satisfaits. Ainsi par exemple, si un proche m'énerve et me met en colère par son comportement, la dépendance consiste à croire que tant qu'il ne changera pas, je souffrirai.

> Découvrir que je peux, lorsque je sens la colère en moi, plutôt que d'agresser l'autre, m'isoler et extérioriser ma colère me permet d'être indépendant.

L'autre n'est plus la cause de mes problèmes, il est au contraire le **miroir** dans lequel je peux voir ce que j'ai à travailler en moi. Quelle différence entre dire : « Tu m'énerves ! Cesse donc ! » et : « Merci ! Grâce à toi je vois qu'il y a en moi de la colère. Je vais aller la faire sortir au plus vite ! » Ne plus essayer de changer les autres mais **se transformer sans cesse soi-même**, voilà une extraordinaire formule magique pour atteindre le bonheur.

La plupart de nos malheurs ne viennent-ils pas de nos dépendances envers autrui ? Sentir la puissance d'une idée si simple donne une extraordinaire sensation de légèreté. Des ailes d'ange poussent soudain dans notre dos. Désormais, je peux choisir à chaque instant de ne plus souffrir ! Le bonheur m'appartient !

Chaque fois que nous nous sommes rendus chez les peuples des anciennes cultures, les peuples naturels, nous avons été frappés par l'extraordinaire **capacité de rire et de s'amuser des adultes**. Dans les sociétés occidentales, on voit des enfants rire et s'amuser, mais rarement des adultes. Ceux-ci parlent et conversent, discutent et palabrent, échangent et communiquent, mais d'une manière si sérieuse que l'on risque de mourir d'ennui. Alors que les peuples non touchés par cette étrange maladie nommée civilisation ont à tout âge la spontanéité, la vivacité, l'humour et le sens du jeu des enfants. Ils ne sont jamais devenus des « adultes à plein temps ». Ils n'ont pas mordu dans la pomme empoisonnée des éducations judéo-chrétiennes.

N'oublions pas nos amis les **animaux**. Ils n'ont pas appris à mentir, à dissimuler leurs émotions sous le masque du contrôle intellectuel, à sortir du flot constant de l'amour universel pour se perdre dans les labyrinthes de concepts dénués de sagesse, ces concepts qui donnent naissance aux religions, aux partis politiques, aux lois et à toutes les idéologies au nom desquelles les êtres humains s'entretuent depuis des siècles. Les animaux sont nos frères. Ils n'ont pas développé, comme nous, une certaine forme de conscience mentale qui raisonne, analyse, compare et étudie. Grâce à cela, ils ont gardé la capacité d'être constamment reliés à la **voix intérieure**, celle qui permet de recevoir la guidance spirituelle. Si nous ouvrons notre cœur à leur sagesse, ils peuvent nous aider à retrouver l'**harmonie avec la vie universelle** que nous avons perdue en nous égarant dans les prisons de croyances intellectuelles fondées sur la peur et la lutte pour la survie[5].

Les animaux ne sont pas des créatures sans âme, des machines à produire de la viande ou du lait, des êtres sans sensibilité que l'on peut torturer sans fin dans les laboratoires, des esclaves que l'on peut exploiter sans vergogne. Ils sont nos professeurs de vie au naturel, guidée par l'instinct.

Exercice : la marche animale

Cet exercice permet de retrouver le plaisir de vivre comme un animal. Trouvez un endroit dans la nature où vous êtes suffisamment éloigné des habitations et des gens pour pouvoir faire tous les sons que vous voulez, sans limitations.

1. Marchez en imitant tour à tour divers animaux. Balancez-vous en grognant comme un ours, marchez avec souplesse et attention comme un chat ou un guépard, courez en sautant comme une gazelle, battez des ailes en piaillant comme un moineau.

2. Tout en marchant, devenez un animal puis un autre, avec les gestes et les sons qui vous permettent de vraiment ressentir l'énergie propre à l'animal que vous imitez. Découvrez à quel point les animaux ressentent intensément les émotions mais ne les répriment pas. Ils les font sortir de leur corps par des bruits, des cris, des feulements, des aboiements, des miaulements, des sons variés accompagnés d'étirements et de mouvements naturels et spontanés.

En faisant cela, vous retrouverez votre plaisir d'enfant à jouer à être un animal et vous vous libérerez pendant quelques instants du contrôle du cerveau gauche, ce qui vous fera le plus grand bien ! Vous sentirez un contact chaleureux et amical avec la nature qui vous entoure, un contact par le corps et le cœur, un contact qui permet de se sentir unifié et aimé.

Vous vous imaginerez avec des sabots ou des griffes, des poils ou des plumes, des nageoires ou des pattes. Vous évoluerez dans cette intimité avec la nature qui est le propre des animaux sauvages, pour lesquels le monde environnant est une sorte de « grand corps » dans lequel ils se sentent à l'aise. Vous sentirez votre complicité avec les chamanes de tous les pays qui, depuis la nuit des temps, gardent vivantes les traditions spirituelles de l'humanité et enseignent le respect du monde animal, du monde végétal et du monde minéral. Vous sentirez l'énergie puissante de ce qu'ils appellent la « marche de pouvoir », dans laquelle ils s'identifient à un animal pour en avoir les capacités physiques. Vous serez délivré des prisons invisibles (mais très traumatisantes !) du sérieux et du raisonnable.

Ces moments magiques de reconnexion avec le monde animal vous permettront ensuite d'utiliser de petits moments libres pour retrouver l'animal en vous. Un simple trajet en ascenseur, si vous êtes seul bien sûr, vous donne le temps de vous comporter en animal sauvage pendant quelques secondes. C'est assez pour vous dégager du stress par des mouvements, des grimaces et des bruits non civilisés ! En voiture, vitres remontées, vous pouvez imiter tous les cris d'animaux et vous faire ainsi un bien fou. Ah, qu'il est bon de laisser vivre l'animal en soi car sans lui, aucun réel bien-être n'est possible !

Pour mieux comprendre ce qu'est le point de vue spirituel, utilisons l'image du cinéma. N'est-il pas merveilleux de pouvoir à loisir s'investir émotionnellement dans l'action qui se déroule sur l'écran tout en sachant que « ce n'est que du cinéma » ? Les acteurs jouent leur rôle, le sang qui coule est artificiel, les pires tragédies ne sont que comédie puisque l'on sait que rien n'est grave, tout est fait sur mesure pour les besoins du film et nul acteur ne meurt vraiment. Lorsque nous regardons un film, nous sommes, en fait, dans la même position que notre **âme** lorsqu'elle nous regarde vivre sur Terre. Elle sait que nous sommes immortels et que nous avons tout le temps devant nous – l'éternité, à vrai dire ! – pour apprendre nos leçons d'amour et de conscience. Jamais elle ne nous critique, jamais elle ne nous condamne. Elle nous admire sans cesse et nous aime d'un amour inconditionnel, un amour que rien ne peut ternir. Par la petite voix du cœur, elle nous donne des informations pour prendre des raccourcis, trouver des voies rapides vers la paix et le bonheur, mais elle ne se vexe pas si nous ne l'écoutons pas et choisissons des expériences douloureuses en suivant les directives de notre intellect, soumis aux dogmes et aux lois de la vie sociale.

Regarder le film de sa vie comme une comédie plutôt que comme une tragédie est l'un des secrets de la **sagesse**, cette sagesse qui inclut la folie douce à son programme parce qu'elle sait que l'être humain a autant besoin de s'amuser, de se surprendre, d'avoir des aventures et des moments de jeu que de respirer, de boire, de manger ou de dormir ! Le plaisir fait partie des besoins fondamentaux.

Une vie trop sérieuse et trop monotone mène tout droit au mal-être, à la maladie. Le corps fonctionne en répondant à nos besoins : si nous faisons du sport, il développe plus de fibres musculaires. Si nous méditons, il crée de nouveaux neurones, si nous marchons pieds nus, il crée une couche cornée sous la plante des pieds pour nous servir de semelle. Inversement, si nous n'utilisons pas certains organes, ils s'atrophient ou développent des maladies. Une femme qui renonce à toute vie sexuelle et amoureuse voit apparaître une tumeur dans les seins ou les organes sexuels féminins, un homme qui se croit trop vieux pour continuer à faire l'amour est enclin au cancer de la prostate, une personne qui étouffe dans un cadre familial trop strict aura des problèmes bronchiques ou pulmonaires, un cadre qui travaille trop et ne prend plus le temps d'aimer souffrira de maladies du cœur, une personne qui refuse de voir le monde autour d'elle parce qu'elle le trouve laid devient myope, et ainsi de suite ! Toute maladie a un sens, elle est porteuse d'un message précis. Une tumeur dit : « Tu meurs ! » Une sclérose dit : « Tu te durcis ! », un dépôt de graisses dit : « Tu gardes en toi des éléments inutiles ! », une ostéoporose dit : « Tu ne vis que dans ta tête, tu n'as donc plus besoin d'os pour soutenir des muscles que tu n'utilises plus ! »

Tous les programmes du corps sont d'une logique infaillible. Lorsque nous vivons dans la joie et le **respect des lois naturelles**, le corps est souple, fort, mobile et beau. Lorsque nous tombons dans le piège du sérieux, de la sédentarité, de la monotonie d'habitudes répétitives, notre corps nous en informe par des symptômes puis par des maladies.

En nous libérant du passé, nous avons le pouvoir de jouir des multiples aspects de la vie, de toutes les réalités, de toutes les vérités, sans rester prisonniers d'aucune. Edmond Bordeaux-Szekely (qui fit connaître *L'Évangile essénien*, publié aux éditions Ambre) insistait sur ce point : *« Ne voir qu'un aspect des choses est le plus grand péché. »* Une parole intéressante qui montre comment **considérer toutes choses comme complémentaires** et non opposées. Cette optique permet de dépasser toutes les querelles sur vrai ou faux, réel ou non. La vision peut alors s'ouvrir à d'autres vibrations sans que l'on se croie obligé de choisir. Regardez comme les chimistes ont du mal à comprendre ce qui se passe dans une cellule. Constamment dans la nature, dans votre corps, un élément se change en un autre. Vous absorbez du magnésium et cinq minutes plus tard, il est devenu du calcium. Cela paraît un phénomène miraculeux et il se produit malgré toutes les règles établies par les savants… Mais quelle est la différence entre magnésium et calcium ? Simplement la position de quelques électrons. Dans la nature, les électrons changent et bougent continuellement. Si quelqu'un arrive à Genève sous la pluie, en conclura-t-il qu'à Genève il pleut et si le soleil brille à sa visite suivante, dira-t-il : « Je me suis trompé de ville, je ne suis pas à Genève » ? Toute notre éducation a cherché à nous faire choisir afin de créer en nous une tension incessante pour discerner le « vrai », le « bien » sous le contrôle de notre mental. **Si nous jouissons de la vie, nous sommes libres**, hors du contrôle d'autrui. Personne ne peut nous manipuler. C'est cette liberté que redoutent les parents, les éducateurs, les dirigeants car lorsque nous vivons en elle, ils ne peuvent plus nous faire faire ce qu'ils veulent. Lorsqu'ils nous inculquent des croyances et des échelles de valeur, ils captent notre attention et nous empêchent de ressentir le plaisir de vivre. Ils cherchent à nous convaincre que notre bien-être réside dans l'obéissance.

VI

Gestion des émotions et voyage chamanique

Pour pratiquer le voyage intérieur, ou voyage chamanique, il est d'abord utile de danser ou de pratiquer des **exercices de défoulement**, pour évacuer hors de son corps toutes les tensions émotionnelles. On peut **se libérer du contrôle du cerveau gauche** en respirant rapidement par le nez ou en balançant la tête de gauche à droite et de droite à gauche, tout en laissant sortir des sons de sa gorge. Ensuite, il sera facile de relaxer complètement son corps physique en plaçant son attention sur le flux de la respiration et en se confiant à la Mère terrestre, comme un bébé qui s'endort dans les bras de sa mère. Avec un peu de pratique, tout le monde peut apprendre à ouvrir son cerveau droit, ce qui permet de rêver, d'imaginer, de visualiser, de voyager sans son corps dans les mondes immatériels. Il y a là matière à de passionnantes explorations.

Les millions de personnes qui ont fait des expériences au seuil de la mort (*NDE* ou *Near Death Experience* en anglais) ont acquis, par un voyage hors du corps dans les mondes de lumière, la conviction que la mort n'est pas la fin de la vie mais simplement une transformation, un passage vers les réalités non matérielles où habitent les anges et les guides spirituels et où règnent une paix, un amour et une joie illimités.

Même si leur expérience personnelle leur a montré, au-delà de tout doute, la réalité des mondes de lumière, ces personnes ne peuvent pas rapporter de preuve matérielle de leur voyage chamanique. Dès que le cerveau gauche se calme, le rythme des ondes cérébrales ralentit et les fonctions du cerveau droit s'ouvrent. Du rythme bêta de la **conscience intellectuelle éveillée**, on passe au rythme alpha, qui correspond à une **détente profonde** associée à une sensation de bien-être puis aux **rythmes les plus lents**, delta et thêta. Ces trois derniers rythmes (alpha, delta et thêta) font partie de ce qu'on appelle les « états modifiés de conscience », dans lesquels l'individu sort des limites du temps et de l'espace. Des études électroencéphalographiques faites avec des chamanes et des yogis montrent que, chez eux, les rythmes cérébraux lents peuvent être obtenus en état de veille, alors que chez des individus « normaux », ces rythmes ne sont enregistrés que pendant le sommeil. Les expériences de conscience cosmique, d'unité avec le Tout, d'extase mystique (pour les chrétiens), de nirvana ou de satori (pour les hindouistes et les bouddhistes) correspondent aux rythmes thêta et delta. Dès que le cerveau fonctionne au ralenti, nous sortons du stress et pouvons explorer nos mondes intérieurs[6].

L'ouverture des facultés du cerveau droit permet la transmission d'**énergies de guérison**. Nombre de thérapeutes ont développé cette capacité de se relier à des forces spirituelles pour les laisser couler à travers eux vers leurs patients. En permettant à ces énergies de haut voltage de toucher ceux qu'ils traitent, ils élèvent le taux vibratoire des cellules du malade et favorisent les processus naturels d'autoguérison. N'oublions pas que la guérison n'est pas un phénomène venant de l'extérieur. C'est toujours le corps qui se guérit lui-même. Les thérapies naturelles soutiennent la *vis medicatrix naturae*, le **pouvoir de régénération inné de l'organisme**, une force immense qui a le potentiel de tout réparer, de tout guérir. Une des grandes illusions de notre époque matérialiste est d'avoir oublié cette vérité fondamentale. Du coup, nous avons donné beaucoup d'importance à l'intervention extérieure, sans nous rendre compte que nombre d'actes thérapeutiques procurent une amélioration des symptômes tout en bloquant, voire en détruisant les forces de guérison. À cause des médicaments qu'ils absorbent à longueur d'année sans réaliser qu'ils paralysent les fonctions d'**autoguérison** du corps, des millions de gens se soignent d'une manière qui, au lieu de les mener vers la guérison, les entraîne vers des maladies chroniques de plus en plus graves.

Gandhi a écrit en 1913 :

« Lorsque nous souffrons de quelque chose, il est absurde de prendre des médicaments pour supprimer la douleur car, en faisant cela, nous allons faire du mal à notre organisme. Prendre des médicaments a le même effet que si je cache sous une couverture des saletés qui traînent dans ma maison plutôt que de les évacuer dehors ! Ces détritus, qui sont simplement cachés, vont pourrir et sentir mauvais. Qui plus est, la couverture elle-même va se mettre à pourrir et augmenter la quantité de déchets. J'aurai donc bientôt à évacuer non seulement les déchets qui existaient auparavant, mais aussi ceux que j'ai ajoutés en voulant cacher les premiers.

C'est exactement ce qui se passe avec les gens qui prennent des médicaments. Par contre, si quelqu'un évacue tous les déchets hors de sa maison, sa maison restera propre. En fait, les symptômes ou les douleurs ne sont que des signes par lesquels la nature nous informe qu'il existe des matières impures dans notre corps.

L'attitude la plus sage est, bien sûr, de soutenir la nature en évitant toute introduction de toxines dans le corps, ce qui facilitera grandement le travail d'élimination. Par exemple, je vais stopper de manger pendant tout le temps de la maladie afin d'éviter toute absorption de nouvelles toxines et je vais prendre le plus d'exercice possible à l'air frais afin de faciliter l'élimination des impuretés par la peau et les poumons. Telle est la Loi Universelle qui permet de maintenir son corps libre de toute maladie. »

VII

Les vertus du rire

En Inde, des dizaines de milliers de personnes se réunissent le matin dans les parcs publics pour **rire ensemble sans raison**. Ce prodigieux mouvement a été lancé par un médecin, le Dr Madan Kataria, qui découvrit la **valeur du rire en médecine préventive**. Il affirme : « Le rire est une expression du bonheur. Si nous pouvons apprendre à rire sans raison, notre capacité d'être heureux va croître. » Il lança l'idée de réunions pour pratiquer le **yoga du rire** dans des parcs et autres lieux publics, des foyers pour personnes âgées, des hôtels, des bureaux et des usines, à une heure matinale pour que les gens puissent y participer avant de se rendre au travail. Il suggère de commencer chaque session par **quelques exercices de respiration**, lors desquels les participants sont invités à tendre les bras vers le ciel en inspirant à fond puis à rester quelques secondes en arrêt inspiratoire avant d'expirer lentement. Cet exercice accroît la capacité pulmonaire et prépare l'exercice suivant qui consiste à chanter *« Ho-Ho, Ha-Ha »* de plus en plus vite puis à éclater de rire en tendant les bras en avant et en regardant les visages autour de soi. Chaque rire dure entre 20 et 30 secondes et le contact visuel permet de faire se propager un rire très vivant chez tous les participants. D'autres techniques peuvent être ajoutées, comme le fait de **rire tous ensemble** quand le meneur dit : « 1, 2, 3, riez ! », de rire en gardant la bouche grande ouverte, de rire avec les lèvres closes en faisant de petits bruits amusants, de rire en se balançant de gauche à droite et de droite à gauche, de rire en dansant, de rire en faisant semblant de parler dans un téléphone portable. Ce dernier exercice rappelle que le téléphone portable permet de rire en public sans qu'on vous croie fou ! Si, dans un lieu public, vous éclatez de rire, les gens vont avoir peur. Mais si vous avez un téléphone portable dans la main (ou même un étui à lunettes qui ressemble à un téléphone !), vous pourrez rire à gorge déployée sans attirer l'attention (voire www.worldlaughtertour.com[7]).

Le succès du film *Docteur Patch* (disponible en DVD), dans lequel le célèbre acteur Robin Williams incarne le Dr Patch Adams a fait parler de la **thérapie par le rire** dans le monde entier et des milliers d'hôpitaux se sont ouverts à une collaboration fructueuse avec des clowns professionnels ou amateurs. Au printemps 2002, l'émission Envoyé Spécial, sur France 2, consacrée à la « rirothérapie » connut un grand succès[8]. Elle stimula la création de dizaines de clubs du rire dans les pays francophones (www.ecolederire.com).

Beaucoup de gens disent : « Quand je serai heureux, je rirai ! » et ils passent leur vie à attendre un bonheur qui ne vient jamais et un rire qui les fuit de plus en plus. Nous préférons dire « Riez tout de suite, sans raison, et vous serez heureux sur-le-champ ! » Mais comment rire sans raison ? C'est simple, en voici la technique :

Exercice : le rire sans raison

1. Inspirez profondément.

2. Expirez par saccades, en faisant « ha, ha, ha » ou « ho, ho, ho » ou encore « hi, hi, hi », « hé, hé, hé » ou « hou, hou, hou » !

3. Laissez votre corps bouger librement avec des gestes, des contorsions, des étirements et des grimaces.

4. N'interrompez-pas votre rire, même si vous trouvez qu'il est rouillé, mécanique ou artificiel. Au contraire, forcez-vous à rire pour débloquer votre capacité de rire sans raison. Avec un peu d'entraînement, vous retrouverez ce

rire éclatant des petits enfants, ce rire ruisselant comme une cascade de montagne qui donne l'impression qu'il ne s'arrêtera jamais. Riez à en perdre le souffle, riez jusqu'à déclencher ces fous rires de votre adolescence, ces crises de rire inextinguibles qui s'emparent soudain de groupes sociaux lors d'enterrements, de cérémonies de distribution des prix ou d'autres manifestations sociales censées se dérouler dans le plus grand sérieux !

5. Riez, riez encore et encore, en variant les « ha », les « ho », les « hi », les « hé » et les « hou » !

Il s'agit là d'un des exercices de folie douce les plus faciles à pratiquer et les plus efficaces pour entrer dans le monde de la joie de vivre.

Riez !

Pour vous guérir
Vous avez besoin de beaucoup rire
Sur-le-champ nous allons vous le prescrire
Ne prenez pas la vie au sérieux
Cela rend triste et bilieux
Riez, riez souvent
Voilà votre traitement
Si vous n'avez aucune raison de rire
Riez sans raison, juste sur l'expire
Videz l'air de vos poumons
En disant A, O, E, I ou OU
Deux ou trois fois de suite
En saccades, et bien vite
Vous rirez comme un enfant
Qui s'amuse énormément
Quelques minutes de rire
Pour dire adieu au souffrir
Quelques instants de gaieté
Pour réveiller votre vitalité
Le rire est gratuit, jamais nocif
Médicament puissant, toujours actif
Il nous conduit vers la santé
Avec vitesse et sécurité
L'essayer, c'est l'adopter
Riez, vous ne pourrez plus vous en passer !

La médecine scientifique moderne a refusé pendant des décennies l'idée qu'il puisse y avoir un **rapport entre le psychisme et le corps**. Elle s'est acharnée à vouloir résoudre tous les problèmes au niveau matériel avec des opérations chirurgicales, des médicaments et des rayons ionisants. Comme le dit avec élégance le Dr Deepak Choprah : « *La médecine s'accorde bien avec l'action, elle est presque militaire dans la rigueur de sa formation, dans l'intérêt qu'elle porte à la défense, dans sa façon de se regrouper et de lutter pied à pied contre l'ennemi, sans oublier – ce n'est pas la moindre analogie – la violence qu'elle inflige fréquemment au corps humain en prétendant lui faire du bien.* » Cette politique guerrière, qui veut faire régner la paix de la santé par la destruction de tous les virus, bactéries et anomalies, s'est révélée être une impasse pour des maladies comme le cancer, les affections cardiovasculaires, les affaiblissements du système immunitaire, les rhumatismes, la sclérose en plaques et de nombreuses autres maladies dégénératives. Dans le cas du cancer, la destruction des tumeurs par la chimiothérapie, la chirurgie et les rayons X permet de gagner un peu de temps en ralentissant l'avance de la maladie mais elle ne s'attaque pas aux causes profondes, qui ne sont pas seulement matérielles mais aussi psychiques. Les statistiques sont impitoyables : elles montrent que la médecine matérialiste, même si elle a gagné quelques batailles, a perdu la guerre. La **compréhension holistique des quatre corps de l'être humain** montre les limites d'une médecine matérialiste qui a voulu réduire l'individu à sa seule composante biologique, enfermer l'homme multidimensionnel dans la minuscule boîte de la matière, exclure du diagnostic et du traitement les émotions, les pensées, les symboles et les rêves, sous prétexte qu'ils ne sont pas mesurables en laboratoire.

Heureusement, de plus en plus de médecins et de chercheurs ont compris qu'il ne suffit pas d'enlever l'ampoule du voyant lumineux (le symptôme ou la tumeur) qui s'est allumé sur le tableau de bord de la voiture, il faut ouvrir le capot et étudier ce qui se passe dans le moteur psychique !

Nous avons dit plus haut comment la psychoneuroimmunologie s'est passionnée pour les **relations existant entre pensées, émotions et fonctionnement du corps physique**. Le cancer du sein touche chaque année plus d'un million de femmes dans le monde. Des études ont montré que ce type de cancer survient chez des femmes qui ont toutes le même profil psychologique :

1. Une forte tendance à vouloir contrôler leur vie émotionnelle et celle de leurs proches.
2. Un sentiment de ne jamais en faire assez, un perfectionnisme constant.
3. L'habitude de se faire du souci pour ceux qu'elles aiment.
4. Un manque d'estime de soi qui accompagne une impression de solitude.
5. Une culpabilité permanente qui pousse à sans cesse s'occuper des autres sans tenir compte de ses besoins personnels.

Pendant bien des années, la seule réponse qui a été donnée au cancer du sein a consisté à opérer, irradier et détruire toute cellule anormale par la chimiothérapie sans tenir aucun compte de ces facteurs psychologiques. La **prise de conscience de plus en plus marquée de l'importance des émotions** modifie cette approche purement matérialiste et souligne l'importance d'un travail sur les causes psychiques des maladies. En fait, le malade souffrant d'un cancer n'est pas « porteur d'une tumeur ». Il est tout entier « tumorisé », cuirassé, immobilisé dans des attitudes et des habitudes qui bloquent les mécanismes de guérison. Ainsi, plutôt que de seulement détruire les cancers, un nombre croissant de médecins s'orientent vers une rééducation cellulaire qui tient compte de tous les facteurs physiques et psychiques contribuant à restaurer la santé.

De nombreuses recherches montrent que le stress, qui provoque un abaissement des cellules T4 et d'autres cellules du système immunitaire, correspond à un fonctionnement dominant de l'hémisphère gauche du cerveau alors que les exercices de libération des émotions, la visualisation et les activités artistiques entraînent une domination de l'hémisphère droit associée à une élévation des cellules de l'immunité.

On comprend pourquoi un diagnostic médical de cancer ou de séropositivité peut à lui seul, si le sujet se laisse dominer par la peur, être la cause d'un effondrement immunitaire qui sera attribué à tort à la maladie elle-même. Beaucoup de gens vivent, sans s'en rendre compte, dans une **insécurité intérieure** qui les pousse à ne croire que les prophètes de malheur. Leur stress, leur suractivité intellectuelle et leur manque de connexion spirituelle engendrent un état de révolte permanent et un chantage avec la vie qui épuisent leur système immunitaire.

Aux États-Unis, dans les années 1970, Norman Cousins, rédacteur en chef d'une grande revue, se trouva un jour immobilisé dans un lit d'hôpital par une spondylarthrite ankylosante, grave maladie dégénérative du tissu conjonctif qui le faisait terriblement souffrir. Les médecins n'avaient aucun traitement à lui proposer et lui annonçaient un futur sans guérison possible. Au lieu de se laisser aller au désespoir, Norman Cousins chercha une voie personnelle. Ayant observé que, lorsque des visiteurs lui racontaient une bonne blague et qu'il riait de bon cœur, ses douleurs s'atténuaient pendant quelques heures, il décida de **rire le plus possible** ! Il se fit conduire dans une chambre d'hôtel (à cette époque, les hôpitaux n'étaient pas des lieux ouverts à l'idée du rire) et s'entoura de livres et de films comiques… il rit tant qu'il put et se trouva rapidement guéri, ce qu'il raconta dans un livre (*Comment je me suis soigné par le rire,* Poche) qui devint un best-seller international. Norman Cousins reçut des milliers de lettres de médecins enthousiastes qui, grâce à son livre, avaient retrouvé la **dimension émotionnelle** de la médecine.

Par la suite, il fut nommé professeur de médecine à la célèbre université de Los Angeles UCLA, pour enseigner aux futurs médecins l'**importance du psychisme** dans la genèse et le traitement des maladies. Sous son impulsion, de nombreuses recherches furent lancées pour mieux comprendre le rôle des attitudes émotionnelles et les moyens de compléter les thérapies physiques par un travail sur le psychisme.

Des études sur la valeur d'une **saine gestion des émotions**, effectuées dans plusieurs pays, donnèrent des résultats remarquables et ouvrirent la porte des hôpitaux à une nouvelle catégorie de soignants : les clowns ! On fit appel à eux pour provoquer le rire chez les malades, ce rire qui s'avère être le médicament idéal puisqu'il est gratuit et déclenche, dans le corps lui-même, des programmes de sécrétion **d'endorphines, de neurotransmetteurs et d'hormones** qui stimulent l'immunité et toutes les fonctions de régénération physiologiques, confirmant ainsi que notre organisme est le médecin (et le pharmacien) le meilleur du monde ! Le rire (et, bien sûr l'extériorisation des autres émotions comme la tristesse ou la colère) a acquis ses lettres de noblesse scientifiques.

Un autre exemple nous est donné par le clown Kinou, coauteur de l'ouvrage *Le rire, une formidable thérapie*, qui avait un passé de nombreuses années de succès au cirque, à la télévision et dans des spectacles en tous genres, lorsqu'il fut brutalement stoppé, à l'âge de quarante ans, par la maladie.

Au bout de quelques mois d'apprentissage de la santé, Kinou était guéri, plein d'enthousiasme pour reprendre sa vie de clown. En plus des spectacles qu'il animait, il se mit à faire des conférences sur les bienfaits du rire. Dans les hôpitaux, les écoles d'infirmières, les associations médicales, les entreprises et les écoles, Kinou explique : « *Auparavant, je faisais rire les spectateurs. Maintenant je leur apprends à stimuler leur cerveau pour qu'il sécrète des endorphines !* »

Kinou fut le premier « clown d'hôpital » en France et son association, Semeurs de joie, donne des formations dans ce domaine.

N'est-il pas merveilleux d'apprendre que, lorsque nous nous donnons la permission de nous amuser, notre cerveau va transformer notre plaisir et notre joie de vivre en molécules de santé ?

Au lieu de nous précipiter sur des médicaments au moindre trouble, mettons un nez rouge sur notre visage pour faire le clown et extérioriser nos émotions sans faire peur à autrui.

Trois secrétaires souffraient d'avoir un chef de bureau bougon, qui ne leur disait pas bonjour et jetait les dossiers sur leur bureau sans aucune courtoisie. Elles se demandaient comment lui faire comprendre, sans le vexer, qu'elles souhaitaient un peu plus de délicatesse et d'amabilité. Elles eurent l'inspiration d'aller acheter trois nez rouges dans un magasin de farces et attrapes. Lorsque le chef entra dans le bureau le jour suivant, les secrétaires tapaient à la machine avec leur nez rouge. L'effet fut magique. Le chef comprit ce message sans paroles, ressortit du bureau et revint un peu plus tard avec un bouquet de fleurs. Depuis, la bonne humeur règne pour le plus grand bien de tous. Alors n'oubliez pas de mettre un nez rouge dans votre sac à main ou dans la boîte à gants de votre voiture. Vous aurez un grand succès en l'arborant à un feu rouge ! Kinou montre avec sagesse que l'expression intense des émotions, appelée *« catharsis »*, est l'une des médecines les plus anciennes du monde. Ce concept est à la croisée de la médecine et des arts et permet de comprendre la valeur de toutes les manifestations qui assurent un défoulement individuel ou collectif par la danse, la musique, le chant ou le spectacle.

Dans le cadre de la vie familiale, il est délicieux de pratiquer des **exercices de rire collectif** et l'on peut se faire un bien fou en jouant à se chatouiller. Le but du jeu est d'aider l'autre à laisser tomber ses systèmes d'autodéfense et à entrer dans la danse du rire libérateur. Un grand nombre d'adolescents jouent les durs en disant à leurs parents « Ne me touchez pas ! » alors que, de toute évidence, ils sont carencés en contacts physiques. En jouant, on peut chercher, chez l'autre, les « points du rire » qui font se contorsionner en se tordant les côtes et en riant de bon cœur. Lorsque l'on parvient, avec sensibilité et délicatesse, à faire fondre la carapace de tensions douloureuses qui emprisonnent l'être profond, une extraordinaire libération se produit et on retrouve le plaisir de **jouer avec son corps** comme des chatons ou des chiots. La famille devient un espace de régénération et de bien-être où l'on peut se décharger de tous les stress sociaux et jouer comme des enfants heureux, quel que soit son âge.

Exercice : le rire profond

Voici une autre technique pour libérer les tensions et déclencher le rire :

1. Mettez votre enfant ou votre conjoint sur le dos, enjambez son bassin ou ses cuisses, attrapez ses poignets dans les mains et faites-lui des « pompes », c'est-à-dire pompez en montant et en descendant simultanément les deux bras. Vous invitez le sujet à vider ses poumons à fond chaque fois que vous abaissez les poignets.
2. Après une demi-douzaine de ces mouvements, vous surprenez votre partenaire en tirant ses deux bras en arrière, en les lâchant et en exerçant une pression douce sur le plexus solaire avec vos deux mains, ce qui va déclencher un rire profond, un rire qui vient du ventre et libère toutes les tensions.

Dans le cadre de votre vie privée, jouez à inventer des personnages théâtraux, déguisez-vous, osez faire le clown, exprimez vos talents d'acteur ! Sortez de chez vous, mettez quelques habits bizarres, un chapeau et des lunettes et sonnez à la porte en vous faisant passer pour un oncle d'Amérique, un vendeur d'aspirateurs, un réfugié politique ou un témoin de Jéroboam… Amusez-vous à parler avec des accents étrangers, à faire le fou, à créer des sketches fantaisistes. Délivrez-vous du sérieux qui fait mourir d'ennui tant de gens et enchantez votre vie quotidienne en l'inondant de créativité, de surprises et d'humour. Le téléphone est aussi un instrument magique pour faire des farces à vos amis. En modifiant le timbre de votre voix, faites-leur croire que vous êtes monsieur Tartempion qui cherche ses souris blanches perdues près de chez eux ou madame Trucmuche qui souhaite trouver un chevalier servant pour l'emmener au bal. Évitez les plaisanteries douteuses comme de leur annoncer qu'ils ont gagné une voiture de course ou un château en Espagne[9].

Au lieu de parler, chantez ! Si vous demandez à vos enfants de ranger leur chambre en imitant leur chanteur préféré, ils seront beaucoup plus stimulés que si vous leur parlez d'une voix déprimée ou grondeuse. Shlomo Carlebach, un rabbin de New York, s'est rendu célèbre en faisant ses prêches en chantant. Accompagné par un petit orchestre, il chantait à pleine voix dans sa synagogue : « *Savez-vous pourquoi il y a des délinquants ? Parce que, dans leur enfance, on ne les a pas assez aimés. On ne les a pas assez touchés, on ne leur a pas assez dit qu'ils étaient merveilleux.* » Pour ce rabbin hors du commun, ce fou de Dieu qui débordait tellement d'amour qu'il ne pouvait s'exprimer qu'en chantant, il n'existe qu'un seul péché : la tristesse ! Il affirmait : « *Les gens disent que c'est parce qu'ils sont malheureux qu'ils ne rient pas, ne chantent pas, ne dansent pas. Moi, je crois que c'est parce qu'ils ne rient pas, ne chantent pas, ne dansent pas, ne jouent pas et ne s'amusent pas qu'ils sont malheureux !* »

VIII

L'imagination créatrice

L'un des immenses avantages d'utiliser les ressources de son cerveau droit est de pouvoir jouer avec les images que nous visualisons. En fait, ces images sont bel et bien réelles. Elles n'existent pas dans le monde de la matière mais elles vibrent dans les fréquences de l'astral et du mental. **Toutes les pensées, avant d'être mises en mots, sont des images** et, à ce niveau, nous pouvons les modeler sans aucune limitation. Au niveau des images, nous retrouvons la plénitude de notre pouvoir créateur ! Tout redevient possible et la perte de notre divinité, cette chute que nous avons opérée pour plonger dans la matière, s'efface. Nous sortons de toutes les prisons du mental intellectuel pour ouvrir nos ailes d'anges. Nous sortons du monde de la raison raisonnante pour retrouver la magie des contes de fées, la puissance des mythes et la profondeur des récits symboliques sacrés. Nous entrons de plain-pied dans le Royaume des Cieux !

On pourrait résumer la recette du bonheur ainsi : « *Change ce que tu peux changer et imagine le reste !* »

Cela signifie que, dans toute situation, nous avons à faire ce que nous pouvons au niveau matériel pour faire régner la paix et la prospérité sur Terre. Mais, lorsque nous atteignons nos limites, plutôt que de sombrer dans le désespoir en disant : « Il y a la guerre dans tel ou tel pays, je ne peux rien faire ! », nous pouvons **imaginer ce que nous souhaitons** pour ce pays. Nous ne sommes alors plus jamais dans l'horrible souffrance de nous sentir impuissants. Là où nous pouvons agir physiquement, nous agissons, et là où nous ne pouvons matériellement rien faire, nous projetons les images de ce que nous désirons. Lorsqu'un mur nous arrête, nous imaginons une porte et, avec notre imagination, nous l'ouvrons pour continuer notre route sur un autre plan.

Cette capacité d'être **toujours actif**, soit dans la matière soit dans les mondes subtils, constitue l'**essence même de la puissance des chamanes**, le fondement de leur perpétuel dynamisme de vie, la nature profonde de leur joie éclatante et permanente. Ils savent que l'être humain n'est jamais condamné à subir et à souffrir. Il peut toujours tout transformer, à un niveau ou à un autre. S'il a mal, il doit d'abord regarder si une action est nécessaire au niveau physique. Si une épine s'est plantée dans votre pied, la première chose à faire est évidemment de la retirer ! Mais si la douleur n'a pas de cause matérielle sur laquelle on peut avoir un effet immédiat, il s'agit de lâcher les émotions liées à cette douleur par des rires, des cris, des gestes et des pleurs. Cette acceptation des émotions permet la sécrétion d'endorphines. Ces substances biologiques ne sont rien d'autre que de la morphine fabriquée par le corps lui-même. Le plus souvent, ce « travail » émotionnel permet une très importante diminution de la douleur mais, s'il en reste, cela signifie qu'il est temps de passer à la phase de l'imagination !

Il s'agit de mettre la douleur en image, par exemple en la visualisant comme un affreux monstre, un terrifiant sorcier, une boule hérissée de piquants ou toute autre image qui se présente spontanément ou que l'on crée par l'imagination. L'étape suivante consiste à faire appel à ses aides spirituels, qu'il s'agisse de guides, d'anges, de grands maîtres de l'humanité comme Jésus, Bouddha, Mahomet ou la Vierge Marie, d'ancêtres familiaux ou de personnages issus des mythes et légendes ou encore de son propre corps de lumière. Une fois connecté à la puissance que représentent ces alliés ou soi-même au niveau spirituel, on peut agir pour transformer l'image qui symbolise la douleur. On va changer le monstre en animal doux et charmant, pacifier et guérir le sorcier noir, ouvrir la boule hérissée de piquants pour trouver la fleur ou le diamant qui est à l'intérieur. Une fois ce travail effectué, on peut créer des images de jeu, de liberté, de plaisir de vivre dans une nature magnifique. Plus on peut s'investir dans ces images, y mettre toute sa foi et son enthousiasme d'enfant divin, plus elles vont transformer la réalité matérielle.

Par l'imagination créatrice, nous ne sommes **plus jamais impuissants**, nous pouvons toujours **agir**, soit physiquement, soit mentalement. Nous pouvons aussi changer le film de notre passé pour remplacer les images de situations traumatisantes par des visions positives car ainsi, *« il n'est jamais trop tard pour avoir une enfance heureuse ! »* Un impressionnant exemple nous a été donné par Nelson Mandela, le leader sud-africain. Pendant les longues années de détention qu'il a subies, il a consacré toute son énergie à créer les images d'une Afrique du Sud libérée de l'apartheid. Et sa **visualisation courageuse et persévérante** a fini par porter ses fruits ! En 1994, lorsqu'il a été nommé président de la République d'Afrique du Sud, Nelson Mandela a cité, dans son discours, les paroles de l'auteure américaine Marianne Williamson (*Un retour à l'amour*, Poche) :

« Notre peur la plus profonde n'est pas que nous ne soyons pas à la hauteur. Notre peur la plus profonde est que nous sommes puissants au-delà de toute limite. C'est notre propre lumière et non pas notre obscurité qui nous effraie le plus. Nous nous posons la question : "Qui suis-je, moi, pour être brillant, radieux, talentueux et merveilleux ?" En fait, qui êtes-vous pour ne pas l'être ?

Vous êtes un enfant de Dieu. Vous restreindre, vivre petit ne rend pas service au monde, l'illumination n'est pas de vous rétrécir pour éviter d'insécuriser les autres.

Nous sommes nés pour rendre manifeste la gloire de Dieu qui est en nous.

Elle ne se trouve pas seulement chez quelques élus : elle est en chacun de nous, et au fur et à mesure que nous laissons briller notre propre lumière, nous donnons inconsciemment aux autres la permission de faire de même.

En nous libérant de notre propre peur, notre présence libère automatiquement les autres. »

Nous sommes tous les artisans du monde et celuici n'est que la résultante de nos pensées. Comme le disait en 1937, déjà, le physicien James Jeans : « *Aujourd'hui, on considère généralement chez les physiciens, presque à l'unanimité, que le courant de la connaissance nous achemine vers une réalité non mécanique. L'univers commence à ressembler plus à une grande pensée qu'à une grande machine.* »

Tout ce qui existe dans le monde matériel a d'abord été imaginé. De la table de cuisine à l'avion supersonique, tous les éléments fabriqués par l'homme ont d'abord été créés en images par le cerveau droit. Et toutes les structures sociales, économiques et politiques aussi. À présent que de plus en plus d'êtres humains deviennent conscients des erreurs commises en donnant le pouvoir à des dirigeants sans vision spirituelle, en laissant les banquiers gérer l'argent pour leur seul profit, en abandonnant nos corps aux mains de médecins matérialistes, en nous laissant enfermer dans les prisons du conformisme et en oubliant d'écouter la voix de notre âme, une transformation s'opère et de nouvelles formes de pensées sont émises dans les plans subtils, d'où elles coulent comme une pluie douce venant fertiliser un désert.

Exercice : de la boue à l'eau pure

Le but est de vous libérer des émotions négatives qui se sont accumulées en vous. Certaines viennent de vous-même, d'autres ont été absorbées au contact des gens que vous avez rencontrés.

1. Commencez par visualiser votre corps et voyez-le rempli de boue. Observez jusqu'où la boue remplit votre corps. Jusqu'aux genoux ? Jusqu'à la taille ? Jusqu'au cou ? Ou vous sentez-vous plein de boue jusqu'au sommet de la tête ? Cette boue est le symbole de tout ce que vous ne voulez pas garder à l'intérieur de votre être.

2. Puis reliez-vous à votre corps de lumière, à votre âme. À partir de cette conscience d'amour, de beauté et de joie, laissez couler un flot d'énergie, une cascade lumineuse qui va couler dans tout votre corps en entrant par le sommet de la tête. Au fur et à mesure que cette vibration pétillante et pleine de vie coule en vous, voyez la boue s'en aller par les pieds et s'écouler dans la terre. En quelques secondes, ou quelques minutes, vous sentirez que toute la boue est partie et que votre corps est rempli par un flot bienfaisant d'une eau lumineuse, scintillant comme mille étoiles.

3. Une fois ce courant régénérateur établi, laissez monter des profondeurs de la terre les ondes telluriques, comme la sève qui monte à travers les racines d'un arbre, et sentez cette double circulation d'énergie, du haut vers le bas et du bas vers le haut. Tout cela, vous l'imaginez sans faire aucun effort, avec les yeux pleins de rire et de gaieté, en sentant un sourire agréable se dessiner sur vos lèvres.

4. Pour terminer, portez votre attention sur votre respiration. Elle est ample, calme et votre ventre se gonfle à l'inspiration puis se vide à l'expiration. Vous respirez comme un bébé et vous sentez que chaque mouvement du diaphragme vous met en relation avec toutes les parties de votre corps. Votre respiration est en harmonie avec la respiration de vos cellules et avec tous les cycles de l'Univers : le jour et la nuit, le rythme des saisons, des marées, le mouvement des planètes et des étoiles.

Lorsque vous êtes dans cet état de conscience, vous pouvez diriger cette pulsation dynamique vers les parties de votre corps qui ont besoin de plus d'attention, ou vers un secteur particulier de votre vie qui vous pose problème. Vous distinguez alors que tout ce que la vie vous apporte est un cadeau, une occasion d'apprendre. Le monde entier redevient, pour vous, ce qu'il est en réalité : une merveilleuse école où chacun apprend à trouver ce qui le rend heureux, en étant de moins en moins conditionné par les idées de ses parents et de plus en plus guidé par l'amour qui coule en permanence de son âme, apportant vie, conscience et lumière à chaque seconde et à chaque situation.

Conclusion

Albert Einstein a écrit : « *Un être humain est une partie d'un tout qu'on appelle "Univers", une partie d'unité dans le temps et l'espace. Il se perçoit, perçoit ses pensées et ses sentiments comme séparés du reste, par une sorte d'illusion d'optique de la conscience. Cette illusion constitue pour nous une sorte de prison, en nous restreignant à nos désirs personnels et à notre affection pour les quelques personnes les plus proches de nous. Notre tâche est de nous libérer de cette prison, en élargissant le cercle de notre compassion à toutes les créatures vivantes ainsi qu'à toute la nature dans sa beauté.* »

Regardez un bébé : il vit chaque instant avec intensité et tout son corps participe à son vécu. Chacune de ses émotions s'exprime par des mouvements de tous les muscles du corps et par les sons qui traduisent la danse des cordes vocales. Tout est authentique, complet, rien n'est refoulé ou stocké. La vie est animale, guidée à la fois par l'instinct biologique qui gère les fonctions du corps et par l'intuition spirituelle qui veille au bon déroulement des expériences nécessaires pour permettre au bébé de grandir en prenant conscience de lui-même et du monde qui l'entoure.

Chez les peuples qui n'ont pas oublié leur nature spirituelle, ce processus se poursuit à l'âge adulte. Dans les pays dits civilisés en revanche, l'enfant doit peu à peu s'adapter au monde de ses parents et se couler dans ce moule que l'on peut appeler le conformisme social. Dès que possible, on apprend à l'enfant à contrôler ses émotions avec son intellect. On le persuade que c'est mal de pleurer, de crier, de gesticuler, de gigoter, de tirer la langue et de faire de grimaces. On le conditionne à faire plus attention à ce que l'on pense de lui qu'à son bien-être personnel. Bâiller, soupirer, faire des bruits avec la bouche, s'étirer, danser, jouer à imiter des animaux, tout cela n'est plus tolérable à l'âge scolaire. L'animal doit être dompté ! Le système scolaire est une véritable école de dressage qui doit transformer l'enfant sauvage et libre en un adulte conditionné, asservi aux croyances sociales et aux dogmes en vigueur. En un mot faire d'un animal-enfant un robot raisonnable qui obéit à ses supérieurs.

L'enfant devient un animal de zoo qui tourne tristement dans sa cage. Plus de courses folles dans la nature, plus de plaisir de sentir tous ses muscles bouger dans l'action, plus d'émotions fortes qui font vibrer tout le corps. La vie devient passive : rester assis devant la télévision à regarder bouger des sportifs, lire et écrire, obéir, rester sage et poli. Une vie castratrice, privée de toute liberté de mouvement. Une vie enfermée dans le conformisme, une vie aplatie, morne, fade.

La bonne nouvelle dont ce livre est porteur est que chacun peut apprendre à redevenir un enfant lorsqu'il a des émotions en s'isolant tout d'abord, pour ne pas faire peur à ses proches, puis en laissant couler à travers tout son corps toutes les intensités de colère, de peur, de tristesse ou de désespoir.

Une fois que toutes les émotions ont été évacuées, le cerveau droit s'ouvre et l'on peut, naturellement, entrer dans le monde des chamanes, c'est-à-dire vivre des expériences spirituelles, réaliser notre nature multidimensionnelle d'être humain. Délivrés de la peur et de l'obéissance à autrui qui sont les piliers sur lesquels les institutions politiques et religieuses fondent leur pouvoir despotique, nous pouvons alors retrouver notre liberté d'êtres souverains pour collaborer tous ensemble à la création d'un monde de paix, d'abondance, de partage, de santé, de joie et d'unité dans la diversité.

Notes et références

1 Lire *Viande et lait, des aliments dangereux pour votre santé,* de Christian Tal Schaller et Johanne Razanamahay, Lanore.

2 Lire *Petit guide de gym faciale* de Marie-Pierre Hill-Sylvestre, Jouvence.

3 Lire *Le miracle oublié, notre pouvoir de régénérescence* de Deepak Choprah, Interéditions et *Artisans de leur guérison* de Christian Tal Schaller, Lanore.

4 Lire *Vivre ses émotions sans stress ni violence* de Christian Tal Schaller et Johanne Razanamahay, Marco Pietteur.

5 Lire *Rétablir l'harmonie avec le monde animal* de Christian Tal Schaller, Lanore.

6 Lire *L'Univers des chamanes* de Christian Tal Schaller, Marco Pietteur et *La Chamane sauvage* de Johanne Razanamahay, Lanore.

7 Les bienfaits du rire sont décrits dans *Le rire, une formidable thérapie* de Christian Tal Schaller, Kinou et Corinne Cosseron, Lanore.

8 Elle est téléchargeable sur www.starzik.com.

9 Lire *Les bienfaits du jeu* de Kinou et Christian Tal Schaller, Lanore.

Site Internet des auteurs :
www.santeglobale.info

Notes personnelles

Dans la même collection

Émotions, mode d'emploi
Christel Petitcollin

Les émotions ne surgissent pas dans nos vies sans raison. Chaque émotion a une fonction, une information utile à nous transmettre sur notre vécu. Il faut savoir les accueillir et tenir compte du message qu'elles véhiculent. Or, les émotions font peur et sont mal acceptées dans notre société qui cherche à toute force à les réprimer. Cet ouvrage vous apprend à utiliser vos émotions de façon positive, pour en faire de puissantes alliées.

96 pages • Prix : 4,95 €

La gratitude

Rosette Poletti et Barbara Dobbs

D'après les dernières études en psychologie, dire merci aux gens que nous aimons, merci à ceux qui nous ont aidés, merci à la vie, est à la base de notre bonne santé émotionnelle. Rosette Poletti et Barbara Dobbs montrent dans ces pages que la gratitude diminue les émotions négatives et renforce les liens sociaux. Dire merci ? Une clé essentielle de notre bien-être !

96 pages • Prix : 4,95 €

Le grand oui à la vie !
Pierre Pradervand

Nous avons tous le choix entre préférer la coupe à moitié pleine ou la voir à moitié vide, le refus et l'acceptation, la fermeture et l'ouverture… entre le oui et le non. Le non donne notre pouvoir aux autres et aux événements. Avec le oui, nous conservons, affirmons ou récupérons notre pouvoir sur notre vie. Le oui est le chemin de la liberté et de l'épanouissement, que chacun peut emprunter s'il veut vivre dans la plénitude.

96 pages • Prix : 4,95 €

L'obsession de la performance

Benoît Saint Girons

« Plus vite, plus haut, plus fort. » Des centaines de livres nous invitent à devenir « meilleurs », à nous changer afin de ne pas changer le système. Alors que la crise révèle les failles de la croissance illimitée, il est urgent de retrouver des valeurs en harmonie avec notre nature. Car dans une société qui exige la perfection et place les hommes en compétition permanente, les frustrations ne peuvent que se généraliser. Non à cette tyrannie du « toujours plus » !

96 pages • Prix : 4,95 €

BLACK PRINT

Achevé d'imprimer par **Black Print CPI** (Barcelone)
en janvier 2016

Imprimé en Espagne

Dépôt légal : Novembre 2010

Ce livre est imprimé par **Black Print CPI** qui assure une stricte application des régles concernant le recyclage et le traitement des déchets, ainsi que la réduction des besoins énergétiques.